O PÁSSARO DE FERRO

MARCIO COLMERAUER
O PÁSSARO DE FERRO

Uma história dos bastidores da segurança pública do Rio de Janeiro

1ª edição

EDITORA RECORD
RIO DE JANEIRO • SÃO PAULO
2014

CIP-BRASIL. CATALOGAÇÃO NA PUBLICAÇÃO
SINDICATO NACIONAL DOS EDITORES DE LIVROS, RJ

Colmerauer, Marcio
C689p   O pássaro de ferro / Marcio Colmerauer. – 1. ed. – Rio de Janeiro:
Record,
2014. il.

ISBN 978-85-01-03512-7

1. Segurança pública – Brasil. 2. Segurança nacional. 3. Segurança
pública – Rio de Janeiro (Estado). I. Título.

	CDD: 327.81
14-11099	CDU: 327(81)

Copyright © Marcio Colmerauer, 2014
Foto da contracapa: Daniel de Miranda Queiroz

Todos os direitos reservados. Proibida a reprodução, armazenamento
ou transmissão de partes deste livro através de quaisquer meios,
sem prévia autorização por escrito.Proibida a venda desta edição em
Portugal e resto da Europa.

Texto revisado segundo o novo Acordo Ortográfico da Língua Portuguesa.

Direitos exclusivos desta edição reservados pela
EDITORA RECORD LTDA.
Rua Argentina, 171 – 20921-380 – Rio de Janeiro, RJ – Tel.: 2585-2000

Impresso no Brasil

ISBN 978-85-01-03512-7

Seja um leitor preferencial Record.
Cadastre-se e receba informações sobre
nossos lançamentos e nossas promoções.

EDITORA AFILIADA

Atendimento direto ao leitor:
mdireto@record.com.br ou (21) 2585-2002.

À minha esposa Kamile, pelo apoio permanente e incondicional, e ao meu filho Rafael, que, com sua sensibilidade, carinho e amor faz de mim, a cada dia, um homem melhor, realizado e muito, muito feliz! Meus melhores pensamentos estão sempre com vocês...

Colaboraram diretamente com a realização deste livro os jornalistas Lúcio Santos e Domingos Meirelles.

Eu percebo que "histórias de helicópteros" não existem, o que existe são histórias de homens e mulheres que tiveram suas vidas transformadas pelos lugares a que os helicópteros os levaram ou lhes permitiram ir.

Bob Mackey
Dustoff pilot*

Se você estiver em perigo em qualquer parte do mundo, um avião pode sobrevoar o local e lhe jogar flores, mas um helicóptero pode pousar e salvar a sua vida.

Igor Sikorsky,** 1889-1972

---

*Dustoff é o acrônimo de Dedicated Unhesitating Service To Our Fighting Forces (Serviço Permanente de Apoio às Nossas Forças de Combate), denominação que os helicópteros americanos de retirada aeromédica recebiam na Guerra do Vietnã. A equipe do Dustoff era formada por quatro homens voluntários e comprovadamente insanos (dois pilotos, um médico e um chefe de tripulação responsável pela manutenção da aeronave), que voavam em helicópteros *Huey* desarmados em direção às áreas de conflitos mais intensos para resgatar soldados feridos. Mais de 900 mil soldados americanos sobreviveram aos seus ferimentos e devem suas vidas à bravura excepcional das tripulações Dustoff no Vietnã.
**Igor Ivanovich Sikorsky (1889-1972) foi um projetista russo, naturalizado americano, pioneiro no desenvolvimento de helicópteros nos EUA.

Sumário

Apresentação		13
Prefácio		19
Impressões		25
1	A escalada da violência	29
2	Aviação policial	43
3	O pássaro de ferro	59
4	A ponta da lança	67
5	Batismo de fogo	81
6	Força e honra	97
7	O mergulho da águia	109
8	Entramos em qualquer lugar	127
9	*Cuidado con los cometas!*	145
10	Nascidos no mesmo dia	153
11	O ministro, o atirador e o diplomata	169
12	A entrega	183
13	Sem fim...	199

Apresentação
O ninho da águia

Domingos Meirelles*

Neste livro de estreia, Marcio Colmerauer conduz o leitor através de um labirinto vaporoso, onde se abrigam velhas lembranças de uma época em que o Rio vivia em permanente aconchego com seus habitantes. No lusco-fusco da sua memória afetiva, as imagens que afloram aqui e ali, recolhidas nas dobras do tempo, confundem-se com a trajetória dos protagonistas do livro, em que o autor também desempenha importante papel, como Flaubert, que tinha o hábito de incorporar-se à trama dos romances que escrevia.

Shakespeare dizia que todos nós somos atores, alguns bons, outros canastrões, mas todos com um momento de entrada e saída no drama para o qual

---

* Domingos Meirelles é repórter especial da Rede Record e autor de *As noites das grandes fogueiras: uma história da Coluna Prestes* e *1930: Os órfãos da Revolução.*

não fomos convidados. Os personagens que habitam *O pássaro de ferro* têm alma, carne e osso. Moravam no mesmo bairro, frequentavam as mesmas festas, os mesmos cinemas, a mesma praia na Barra da Tijuca. Eram amigos desde os tempos de colégio. Ao acaso, voltariam a se encontrar, trinta anos depois, para participar de uma experiência fascinante: tirar do papel o projeto de um novo helicóptero que daria também um novo rumo às suas vidas.

Histórias jamais reveladas alcançam pela primeira vez a superfície. Amparado por um texto objetivo, direto, despojado de clichês ou de arabescos literários, o autor resgata a trajetória dos obstáculos enfrentados nessa incrível maratona. Um dos méritos do livro é justamente livrar-se da caligrafia bordada dos monges medievais para evitar que fosse confundido com um breviário sobre a arte de combater o crime e o pecado a bordo de uma aeronave policial. *O pássaro de ferro* reproduz a saga de um grupo de jovens amigos, unidos pelos mesmos sentimentos e desejos de mudança, que venceram dificuldades inimagináveis para materializar um projeto que, para muitos, era contabilizado como delírio.

Por meio de uma estrutura narrativa construída em camadas, que se movem também, de um lado para outro, são trazidos à luz pequenos segredos. São reveladas, pela primeira vez, as áreas de sombra

O PÁSSARO DE FERRO

que envolveram a construção de uma aeronave que mudaria para sempre a natureza do confronto entre a polícia e as quadrilhas de traficantes que infestavam as encostas do Rio. Entrincheirados nos pontos mais elevados de uma cidade que se acotovela entre o mar e a montanha, esses grupos sempre desfrutaram das vantagens oferecidas pela acidentada topografia que dificultava o trabalho da polícia e assegurava a longevidade dos seus negócios.

Até o final dos anos 1980, a intervenção dos helicópteros provocava sempre uma mudança de comportamento nos enfrentamentos com as quadrilhas encasteladas no alto dos morros. A simples aproximação da aeronave colocava os criminosos em fuga. Os helicópteros eram os donos do céu.

Essa realidade, entretanto, mudou a partir dos anos 1990, como nos conta Colmerauer. As quadrilhas passaram a utilizar a experiência de ex-militares que se incorporaram ao mundo do crime. Ao entrarem em ação, os helicópteros passaram a ser alvejados por traficantes, espalhados pela favela, que atiravam do interior dos barracos para dificultar a sua localização.

Os helicópteros tornaram-se uma presa fácil. Retornavam sempre ao heliporto da polícia com graves avarias na fuselagem. Apresentavam marcas de tiros na pá, no para-brisa, no rotor, no eixo. Vários aparelhos foram obrigados a realizar pousos de emergência a caminho da base, na Lagoa Rodrigo de Freitas. Alguns pilotos e copilotos chegaram também a ser baleados em algumas operações. Os helicópteros só possuíam blindagem no piso. Como os aparelhos em combate atuavam sempre em curva, eram facilmente alvejados pelos lados, além do risco permanente de serem abatidos em pleno voo.

Em grandes complexos de favelas como a do Alemão, Vila Cruzeiro, Maré, Rocinha, Mangueira e Jacaré, não podiam permanecer mais do que quatro minutos em combate.

Os velhos amigos que jamais se afastaram na vida real estavam novamente juntos, em 2007. O cenário desta vez era outro: a Secretaria de Segurança. Debruçavam-se agora sobre problemas aparentemente insolúveis que flagelavam a população carioca. Marcio Colmerauer ocupava o cargo de subsecretário de Segurança do Estado do Rio de Janeiro. O delegado Rodrigo Oliveira comandava a Coordenadoria de Recursos Especiais (Core), grupo de elite da Polícia Civil. E o piloto de helicóptero Adonis Lopes chefiava o Setor Aéreo da Polícia Civil. Os três tinham como missão transformar em realidade uma antiga aspiração das equipes envolvidas em operações de alto risco: tirar da gaveta o encardido projeto do helicóptero blindado, um esforço coletivo que exigiu determinação, perseverança e extraordinária capacidade de doação de todos os envolvidos nessa apaixonante tarefa.

O PÁSSARO DE FERRO

O livro revela como o cinema ajudou *O pássaro de ferro* a sair do ninho. A aeronave começou a ser desenvolvida a partir da versão militar usada pelos Estados Unidos na Guerra do Vietnã, o famoso *Huey*, mais conhecido como "Sapão", imortalizado por Francis Ford Coppola em *Apocalypse Now*, estrelado por Marlon Brando e Robert Duvall. No filme, uma nuvem de helicópteros sobrevoa em câmera lenta uma aldeia vietcongue ao som de *A Cavalgada das Valquírias*, de Wagner. A cena afogueou a imaginação de outro piloto que teria participação decisiva na concretização do projeto: Oswaldo Franco de Mendonça.

A partir desse momento, a leitura voa solta, através de episódios dramáticos e desconcertantes que rodopiam pelas páginas do livro como folhas secas sopradas pelo vento. O autor conta, pela primeira vez, como foram planejadas e executadas determinadas operações policiais, como a famosa invasão do Complexo do Alemão. Com a habilidade dos artesãos que erguiam catedrais góticas na Idade Média, Colmerauer construiu sua narrativa com a precisão de um trabalho de cantaria. As imensas paredes de pedra, o teto e os arcobotantes ampliavam espaços, alargavam horizontes e estimulavam a discussão sobre o sentido da vida. Com determinação jesuítica, movido pela sua fé inabalável no ser humano, o autor convida o leitor a fazer sua própria leitura a partir de diferentes ângulos do texto, como a luz que jorra através dos vitrais. *O pássaro de ferro* convoca-nos também a fazer uma reflexão sobre o preconceito, as incompreensões, a natureza e a importância do trabalho policial em um país injusto e perverso, marcado por tantas desigualdades como este em que vivemos.

Prefácio

José Mariano Beltrame*

Uma das missões mais difíceis de qualquer gestor é manejar com eficiência e a seu favor os atributos simbólicos de uma organização. Posso testemunhar que, em segurança pública, o desafio é ainda mais complexo, pois erros e acertos de uma decisão têm a capacidade de afetar para o bem ou para o mal a vida de milhões de pessoas.

Nos últimos anos, o carioca e o Brasil viram aparecer, em meio à trágica violência que se instaurou nas principais favelas do Rio de Janeiro, o policial super-herói, ou melhor, todo um tipo muito especial de polícia que tinha como principal virtude dar à sociedade uma garantia de segurança.

Por pior que fosse o cenário da violência apresentado pela imprensa, as forças repressivas e a população

---

* José Mariano Beltrame é delegado da Polícia Federal e, desde 2007, secretário de Segurança do Estado do Rio de Janeiro.

dispunham de um grupo de elite capaz de oferecer o alívio e a esperança em dias melhores, mesmo que temporariamente.

No extenuante, e aparentemente insolúvel, jogo da guerra urbana, uma aura mitológica foi sendo alimentada por ações espetaculares, filmes de ficção, livros e reportagens. Não foi à toa, portanto, que essas equipes ficaram famosas, quase célebres. Por trás de tanta espuma, há, nesse caso, consistência e reconhecimento internacional, e além de um trabalho muito sério. Nos dois primeiros anos à frente da Segurança Pública no Rio de Janeiro, a atuação da área operacional das Polícias Civil e Militar foi muito além dos seus limites.

Era preciso conter a ousadia do tráfico, que desafiava não só as polícias, mas toda a sociedade carioca. Foram realizadas operações em áreas que por anos viveram sob o domínio absoluto do tráfico, levando essas equipes ao seu limite operacional.

Foi um período dificílimo, com confrontos quase diários. As polícias subiram os morros para desarmar os traficantes. A quantidade de armas e munições apreendidas foi impressionante. E o sacrifício pessoal assumido por esses homens poucas vezes recebeu o justo e devido reconhecimento.

Em outra frente de batalha, investíamos em ações de médio e longo prazo, através de medidas estruturantes que oferecessem condições mínimas para a

O PÁSSARO DE FERRO

realização de um planejamento capaz de indicar um caminho para o nosso Estado. Medidas como reestruturação da área de inteligência com um forte investimento em tecnologia, processos orientados para a difusão de informação e a cooperação entre órgãos de todas as esferas de governo; terceirização da frota de veículos da polícia, trazendo um ganho efetivo no policiamento ostensivo; criação das regiões integradas de segurança pública, aproximando a atuação entre as Polícias Civil e Militar; desenvolvimento de indicadores de criminalidade que trouxeram método e critérios objetivos na aplicação dos efetivos nas ruas do Rio; pioneirismo na implementação de um programa de remuneração variável por desempenho e realização de um esforço importante na melhoria salarial dos profissionais de segurança, bem como o aumento de seu efetivo. Essas iniciativas, entre outras pouco visíveis para a população em geral, consolidaram uma estrutura em condições de suportar um plano de segurança para o Rio de Janeiro.

Por outro lado, no curto prazo, tínhamos grande preocupação em fornecer aos nossos efetivos equipamentos que reduzissem os riscos para os policiais e para a população em nossas operações. Adquirimos armamento adequado e coletes à prova de balas, e buscamos uma nova aeronave para resolver a situação de alto risco vivida pelo setor aéreo policial, que, diante do uso intensivo dos fuzis pelo tráfico, vinha perdendo uma supremacia que se manteve por décadas em nosso Estado.

Foi nesse contexto que, nos dois primeiros anos de governo, tive ao meu lado, como um de meus subsecretários, Marcio Colmerauer. Graças a seu empenho, o Rio de Janeiro conseguiu buscar no mercado internacional, em um caso até então inédito no Brasil, uma aeronave de ponta, totalmente blindada e customizada para as nossas necessidades e que desse suporte às ações das equipes operacionais de nossas polícias. A utilização dessa nova aeronave devolveu à aviação policial do Rio de Janeiro uma supremacia que vinha sendo contestada. Com ela, tivemos operações mais rápidas, proporcionamos maior segurança para as equipes embarcadas e em terra, que conseguiam progredir com mais velocidade e segurança pelo terreno, reduzindo, por consequência, os riscos para a população durante as operações.

Com sabedoria, persistência e conhecimento técnico, Colmerauer soube vencer as barreiras burocráticas, políticas, diplomáticas, jurídicas e financeiras de tal empreitada. Para aqueles que nunca encararam as regras do serviço público, posso afirmar que elas são capazes de levar à insanidade qualquer gestor bem-intencionado. Neste caso específico, Colmerauer conduziu o projeto com a humildade de quem sabe que aqueles que estão na ponta são os que melhor conhecem as necessidades. Procurou na experiência de pilotos e atiradores com mais de vinte anos de serviço na Polícia Civil do Estado do Rio de Janeiro as informações corretas e apoio para atingir o objetivo traçado.

Teve também a sabedoria de buscar nos momentos críticos o meu apoio, o do governador Sérgio Cabral e o do então ministro da Defesa, Nelson Jobim, quando o plano de aquisição começou a esbarrar em burocracias e entraves legais. Enfim, agiu como um executivo que sabe ouvir. O resultado desse esforço pôde ser medido nas ações realizadas a partir de 2008, quando o helicóptero chegou ao Rio. O equipamento foi peça-chave nas principais operações policiais que se seguiram, nas ações de pacificação do Complexo do Alemão e da Rocinha, para citar dois casos emblemáticos. Em vez de mirar na aeronave, como faziam anteriormente, os traficantes passaram a temer a sua presença. Todo o contexto da aquisição do helicóptero da Bell e do período em que trabalhamos juntos está muito bem pontuado neste livro. Agradeço a Colmerauer por sua lealdade e comprometimento no período em que esteve na Secretaria de Segurança. Que este livro seja mais uma contribuição para a memória de um período marcado por mudanças e transformações no Rio de Janeiro.

Impressões

O relato a seguir não pretende ser tomado como verdade absoluta. É tão somente uma versão narrada a partir do meu ponto de vista, sobre o que eu vivenciei em meu período na segurança pública do Estado do Rio de Janeiro. Por tratarmos de fatos tão complexos, que envolveram tantas pessoas e circunstâncias, é de se esperar que outras versões possam relatar os mesmos acontecimentos pelos olhos de outro observador, com outros protagonistas, diferentes detalhes e cores distintas.

Durante meu período no cargo, deparei-me com uma realidade que ultrapassava em muito os desafios esperados. Eu não estava preparado para o que ia enfrentar, fui crescendo e amadurecendo durante o processo. Nosso desafio era visto pela grande maioria da população como algo impossível, uma vez que os níveis de violência e criminalidade no Rio de Janeiro eram palpáveis. Porém se engana quem acredita que

MARCIO COLMERAUER

o combate ao crime seja a única fonte de desgaste nesse trabalho. Não é. Tão grave e desgastante quanto ele é a gestão das estruturas e das pessoas, o exercício de uma liderança que precisa ser construída e legitimada com bom senso e determinação, porque, afinal, não existe política de segurança, não existe ação nem resultados sem o protagonismo de duas instituições bicentenárias: a Polícia Civil e a Polícia Militar do Estado.

Há sempre interesses de grupos, disputas internas, rivalidades, egos. É um jogo muito pesado em que os boatos, intrigas e investigações de todos os tipos são instrumentos corriqueiros e permanentes. Você pode participar de uma reunião sobre um tema em que a pessoa ao seu lado é seu aliado e, dias depois, em outra reunião, sobre outro assunto, essa mesma pessoa, de forma velada, é seu maior adversário. É preciso avaliar cada situação e momento com muito cuidado para não perder o foco no que realmente importa: resultado positivo para a segurança em nosso Estado.

A condução da política de segurança cobra, inevitavelmente, um grande sacrifício na esfera pessoal. Não existe sobra de tempo, você vive 24 horas por dia em função do trabalho, os problemas particulares são cada vez mais relegados a segundo plano, o convívio com a família fica muito reduzido e você entra em um turbilhão de emoções viciante, sua mente acostuma-se com um ritmo de vida alucinante e o corpo aquecido e tomado por essa adrenalina só vai apresentar a conta ao final da missão, quando os problemas de saúde começam a surgir.

O lado gratificante dessa história aparece na percepção clara de que seus atos e decisões podem impactar, positivamente, de forma direta a vida das pessoas.

O universo da segurança pública é ocupado por todo tipo de gente, e você passa a fazer parte de uma realidade em que existem pessoas corruptas, honestas, corajosas, covardes, atuantes, omissas, bem-intencionadas, mal-intencionadas, dissimuladas, leais, enfim, todo tipo de gente com qualidades que nem sempre conseguem rotular de forma clara o herói e o vilão. Boa parte desse mundo é cinza e, pior, não é um mundo novo, mas o mesmo em que vivemos todos nós. A diferença é que, nesse tipo de função, você começa a enxergar a vida e a cidade nas entrelinhas, a ver um mundo que esconde, por trás das belezas naturais e das alegrias da vida, algo duro, violento, triste e angustiante, que nos traz o sentimento, real ou não, da possibilidade imediata do pior.

A boa notícia é que os heróis existem. Eu mesmo conheci vários. Pessoas que em outro país seriam reverenciadas pelo desapego, doação, e comprometimento com a segurança e a vida humana. Convivi com heróis, muitos deles pais de família, que por diversas vezes assumiram riscos que ultrapassavam o limite da razão. Pessoas com a virtude da coragem do herói em seu DNA. A coragem de quem supera o medo — que sempre está lá — com a força de uma vontade mais forte e generosa, diferente da coragem dos "durões", porque é posta a serviço de outrem ou de uma causa geral e, principalmente, porque se traduz em atos vividos no presente, longe das lembranças do passado ou das intenções futuras.

Foi um período intenso, do qual os vínculos e relações construídas na função dificilmente serão rompidos e o aprendizado não será esquecido.

1
A escalada da violência

Novembro de 2006

A cidade do Rio de Janeiro vivia, naqueles dias, um momento delicado. A sensação de insegurança se apossara da população. Era comum ouvir relatos de vítimas de roubo de veículos, os arrastões ocorriam em diferentes pontos da cidade, e as *blitze* organizadas por falsos policiais deixavam os motoristas em pânico. Não foram poucas as vezes em que vi, da janela de meu apartamento na Tijuca, disparos de fuzis com munição traçante, efetuados do Morro do Borel em direção ao Morro da Formiga e vice-versa. Facções criminosas rivais trocavam tiros a esmo, infernizando a vida de milhares de moradores do bairro. Lembro-me bem do dia em que encontrei, no chão da minha varanda, um projétil amassado e pedaços da pastilha de revestimento da parede. As chamadas "balas perdidas" assustavam os moradores de diferentes bairros diante de uma escalada da violência até então inimaginável.

Na época, o número de homicídios era extremamente elevado para os padrões de uma cidade civilizada, que fora capital do Império e da República. Naqueles dias, o Rio era refém do tráfico. Bandos com armamentos pesados não apenas eram vistos em comunidades carentes como também circulavam livremente por determinadas áreas, semeando o medo e o terror em uma população que se sentia cada vez mais indefesa. A cidade à noite ficava vazia. As pessoas evitavam grandes deslocamentos de carro em certos horários para não serem vítimas de arrastões.

Em 2006, a situação havia se agravado em consequência de uma série de atentados ocorridos em São Paulo, promovidos pela facção criminosa que domina o crime naquele Estado. Essa facção, inclusive, tinha ligações com uma das grandes organizações criminosas que vinham fomentando ações semelhantes no Rio de Janeiro. Foi nesse cenário urbano conturbado, em que a violência parecia fora de controle, que o então senador Sérgio Cabral se elegeu governador, no dia 29 de outubro de 2006. Os nomes cogitados, durante a campanha, para assumir a condução da política de segurança pública não se confirmaram. Apesar de não estar entre os prováveis escolhidos, surgiu o

O PÁSSARO DE FERRO

nome do delegado da Polícia Federal, José Mariano Beltrame, gaúcho de Santa Maria, indicado por um colega da corporação. Mariano atuava no Rio como chefe da Missão Suporte da Polícia Federal — setor de inteligência responsável por grandes operações do órgão em nosso Estado. Com uma folha de serviços impecável e conhecido como um policial de honestidade inegociável, o delegado foi escolhido pelo governador.

Em novembro de 2006, fui um dos integrantes da equipe de transição para a área de Segurança do Rio. Nos dois meses que antecederam a posse do novo governo, dividi com Mariano e Márcio Derenne, ambos delegados da Polícia Federal, uma pequena sala no décimo primeiro andar da Fundação Getúlio Vargas, onde se instalara o Governo de Transição. Se, por um lado, tínhamos demandas estruturantes, como a redução do número de cargos de confiança e a reestruturação da Secretaria, por outro, a grande questão era a escolha de novos comandos tanto para a Polícia Civil como para a Polícia Militar. As escolhas desses nomes sinalizariam para as corporações a linha que seria adotada pelo novo governo. Após inúmeras reuniões, entrevistas com possíveis candidatos e o levantamento de informações sobre cada um dos postulantes, chegou-se finalmente a dois nomes com excelente ficha funcional: o coronel Ubiratan Ângelo e o delegado Gilberto Ribeiro, ambos tendo em comum o fato de serem policiais íntegros, sem qualquer mácula em sua trajetória profissional.

Nesse período, surgiu, de forma muito discreta, o nome do jornalista Dirceu Viana, que aos poucos foi ganhando a confiança do secretário e se tornou peça fundamental na Assessoria de Comunicação da Secretaria. Até o fim de dezembro, outros policiais foram sendo agregados à equipe, como o policial federal Montanha, atual chefe de gabinete da Secretaria, e os delegados federais Roberto Sá e Edval Novaes, subsecretários que até hoje permanecem na equipe da Segurança do Governo do Estado.

O final de 2006 foi conturbado. O narcotráfico promovia ações contra policiais, em represália à transferência de seus líderes para presídios federais fora do Estado, onde eram mantidos em Regime Disciplinar Diferenciado (RDD). Eram frequentes tiros contra cabines da PM e delegacias, muitas das quais fechavam suas portas à noite, depois de formarem barricadas com veículos, para se protegerem de eventuais atentados. Viaturas da PM rodavam pela cidade em comboios, tentando impedir a ação de diferentes grupos de criminosos. A insegurança voltou a se apossar da cidade. Na época, surgiram informações sobre uma possível ação de determinada facção em Copacabana durante o *Réveillon*. A audácia da criminalidade parecia não ter limites.

No dia 28 de dezembro de 2006, uma quinta-feira, o tráfico decidiu dar suas "boas-vindas" ao novo governo. Foi um dia de cão. De forma planejada, criminosos, divididos em grupos, atacaram delegacias e postos da Polícia Militar. Em uma ação desumana, traficantes drogados com crack incendiaram um ônibus urbano na avenida Brasil. O atentado provocou a morte de sete passageiros impedidos de abandonar o veículo pelos traficantes, morrendo carbonizados, enquanto outras dezenove pessoas ficaram feridas. Um ato de terror que chocou a opinião pública.

Foram muitos ataques, por toda a cidade, em menos de 24 horas. Na Zona Sul, um policial foi morto com doze tiros dentro de uma viatura na Lagoa Rodrigo de Freitas; em Botafogo, uma cabine da Polícia Militar foi atingida por vários disparos, uma mulher foi atingida por um dos tiros e morreu, e uma criança e um policial militar ficaram feridos; no Centro do Rio, a 6ª Delegacia de Polícia foi atacada; na Perimetral, outra viatura foi cravejada de tiros; na Zona Norte, a Delegacia Especializada de Repressão a Entorpecentes foi alvo de vários disparos de arma de fogo; no Alto da Boa Vista, mais uma cabine da PM foi atacada com tiros, deixando um policial ferido; na autoestrada Grajaú-Jacarepaguá, outra cabine da Polícia foi metralhada pelos traficantes; em Campinho, no subúrbio do Rio, uma delegacia foi atacada, levando à morte um cidadão que estava aguardando para registrar uma ocorrência; na Barra da Tijuca, uma viatura foi metralhada, matando um policial e deixando outro ferido; em Jacarepaguá, um carro da polícia foi incendiado; três ônibus foram queimados em Bangu; em Cordovil, mais dois ônibus foram incendiados; a 29ª Delegacia de Polícia, em Madureira, foi metralhada e, no mesmo bairro, uma viatura da polícia foi atingida por uma granada; outra cabine da PM foi atacada em Del Castilho e mais uma em Vicente de Carvalho; em Mesquita, um ônibus foi incendiado e uma cabine da Polícia Militar foi alvo de tiros; outro ônibus foi queimado em Niterói; bases do Batalhão de Policiamento de Vias Especiais nas Linhas Vermelha e Amarela foram atacadas.

A população do Rio de Janeiro estava apavorada. Lembro-me de estar voltando para casa, fazendo o trajeto Botafogo-Tijuca, e passar em frente à 19ª Delegacia de Polícia, portas fechadas com correntes, uma verdadeira barricada de veículos protegendo a delegacia. As ruas vazias. Ao final daquele dia, dezoito pessoas morreram e 32 ficaram feridas. Os dias que se seguiram até a virada do ano foram de muita tensão. Enquanto a cidade festejava a chegada de 2007, a equipe que assumiria a segurança pública, no dia seguinte, acompanhava as medidas que vinham sendo adotadas com o objetivo de evitar graves ocorrências nesse período de festas. A inteligência da Polícia Federal havia recebido informações de que atentados a bomba poderiam ocorrer, na virada do ano, em grandes hotéis na orla de Copacabana. Durante toda a noite de 31 de dezembro, uma grande estrutura de contenção foi montada nas principais saídas do Complexo do Alemão, um dos maiores aglomerados de favelas do subúrbio carioca, e na própria orla de Copacabana. Traficantes, cujas ligações telefônicas estavam sendo monitoradas pela polícia, recebiam ordens de promover atentados, mas respondiam não ter condições de agir diante do forte aparato de segurança implantado pela Polícia Militar. Foram horas de expectativa e muita tensão. Apesar do clima angustiante, que durou toda a madrugada, o primeiro dia de 2007 amanheceu em paz. A posse do governador Sérgio Cabral ocorreria logo depois, sem qualquer incidente.

Um novo conceito de gestão começava a ser desenvolvido, de forma criativa, na administração do Estado do Rio de Janeiro. Surgia também um moderno tipo de liderança que estimulava o desenvolvimento de novas ideias e soluções para problemas que se acreditava impossíveis de serem resolvidos.

O primeiro grande passo partiu do próprio governador. Ao blindar seu secretário de Segurança, impediu que este fosse submetido a qualquer tipo de influência política. O delegado José Mariano Beltrame recebeu total autonomia para selecionar seus principais auxiliares, além de nomear comandantes dos batalhões da PM e titulares das delegacias sem sofrer injunções externas, prática que se arrastava desde a República Velha, quando chefes políticos locais nomeavam as autoridades policiais.

Lembro-me de um encontro agendado, logo no início do governo, por um prefeito que questionou o secretário pela troca do "seu" comandante de Batalhão. Para surpresa do prefeito, Mariano foi breve e direto: "Tirei o seu comandante para colocar o meu." Não se pode negar que outro fator relevante contribuiu de forma expressiva para o sucesso da missão: o alinhamento político entre Estado e Governo Federal. Essa convergência permitiu que se consolidasse uma das metas do novo conceito de gestão: a integração e difusão de informações na área de inteligência através da criação de um Conselho que reunia, em uma mesma mesa, Polícia Federal, Marinha, Exército, Polícia Civil, Polícia Militar, Corregedoria do Detran, Subsecretaria de Inteligência e Polícia Rodoviária Federal. O *insight* que deu origem ao Conselho potencializou significativamente a produção de informações valiosas para a área operacional. Quebraram-se velhos tabus, como as barreiras que se alastram pelo setor público quando o assunto é difusão de informações. A cultura dominante é a da manutenção da informação como instrumento de consolidação de poder, o que não chega a ser um privilégio verde e amarelo.

Ainda em 2007, ao visitarmos Nova York em missão de governo, tivemos a oportunidade de conhecer a Força-Tarefa Antiterrorismo do FBI, em que sessenta agências

O PÁSSARO DE FERRO

americanas atuam integradas com o objetivo de garantir a segurança do país contra atividades terroristas. Fomos informados de que somente depois dos atentados que comoveram o mundo, ocorridos em 11 de setembro de 2001, a difusão das informações e as parcerias entre agências começaram a evoluir de forma significativa.

A política implementada na área policial do Rio de Janeiro, nos últimos seis anos, também só foi possível graças a uma decisão de governo, que estabeleceu a segurança pública como uma das suas principais prioridades, com a aplicação maciça de recursos. Em 2007, o orçamento da Segurança girava em torno de 4 bilhões de reais; em 2012, os números ultrapassaram 9 bilhões. Os resultados positivos, obtidos com a introdução desses novos métodos de gestão, não foram imediatos. Quando se assume um novo governo, é preciso tempo para se inteirar da situação existente, das ações em andamento, e decidir sobre os primeiros passos a serem adotados. A impressão que se tinha, em relação à área de segurança, é de que possuíamos uma polícia reativa, atuante, mas que de certa forma agia a reboque dos fatos e da mídia. Não é tão simples conseguir fugir da lógica da reação aos acontecimentos e, ao mesmo tempo, enfrentar os desafios crônicos do cotidiano.

A rotina diária na Secretaria de Segurança apresenta-se como verdadeira máquina de moer gente. Recordo que, além dos processos, encontrávamos diariamente sobre a mesa de cada subsecretário um relatório da Inteligência com informações a respeito dos crimes cometidos no Estado. A função que passei a exercer me obrigou a enxergar a cidade com outros olhos. Você começa a ter uma visão do que não aparece claramente no texto, mas está presente nas entrelinhas; percebe-se a existência de outro mundo, dissimulado, corrompido e podre. Aprende-se a conhecer o que há de pior no ser humano e no mundo em que vivemos.

No início, constatamos que as carências nas polícias eram muito grandes: não havia viaturas suficientes e em condições satisfatórias; o serviço de manutenção dos veículos era também realizado de forma precária dentro dos batalhões; os armamentos estavam defasados; tínhamos limitação de coletes à prova de bala; enfim, existia muita coisa a ser feita em todos os setores do aparelho policial. Não havia tempo a perder.

Em algumas conversas com Mariano, recordando aquele começo de governo, ele afirmava que "a impressão era de que existia uma política pautada apenas pela mídia negativa. Ao acontecer uma morte numa determinada esquina, no dia seguinte era ali colocada uma patrulha. Não havia um plano, uma proposta de trabalho para a cidade como um todo. Isso estava claro desde o início".

Naquele período, sentia-se que a população havia chegado também ao seu limite diante do clima de violência que sufocava o Rio de Janeiro. Nessa mesma conversa, Mariano observava que a insegurança e o medo não faziam distinção de classe ou de lugar: "Tinha gente sendo assaltada no Monumento dos Expedicionários, havia assalto a ônibus de turistas, assaltos na Linha Amarela, nos sinais de trânsito da Tijuca, no Méier. Chefes de família conviviam com uma arma na cabeça. Não digo que isso não exista mais, que tenha acabado. Mas, diante de um quadro daqueles, era necessário mostrar, em primeiro lugar, que tínhamos um projeto novo. Em segundo lugar, que aquela proposta era minimamente possível, factível. E que se tratava, acima de tudo, de um trabalho sério." Apanhamos muito durante um bom tempo, em especial dos chamados "especialistas" de plantão, que se manifestavam através da mídia. Em primeiro lugar, era necessário restabelecer a autoridade do Estado. Era preciso sinalizar uma posição firme diante do crime. No Rio, existiam áreas consideradas inexpugnáveis, sob o controle de facções criminosas que não se intimidavam com a presença do aparelho policial.

O melhor exemplo era o Complexo do Alemão. Cerca de 80% dos crimes praticados no Rio eram orquestrados, com as decisões sendo tomadas no Complexo do Alemão e na Vila Cruzeiro. Ali ficava a capital do crime, o quartel-general onde os integrantes da facção criminosa dominante em nosso Estado definiam suas ações em todo o território fluminense. Essa questão deveria ser enfrentada em algum momento.

Não se podia, entretanto, agir de forma açodada, no calor da emoção. Era necessário desenvolver um trabalho de inteligência nessas áreas conflagradas. Não era admissível que repetíssemos os equívocos cometidos em outras administrações.

O grande diferencial da nova proposta de gestão era aprender com os erros cometidos no passado. Era preciso criar também um espírito de equipe na cúpula da Secretaria de Segurança. Não existia espaço para estrelismos ou manifestações de arrogância funcional. Estávamos todos no mesmo barco e precisávamos remar na mesma direção. Ninguém era dono da verdade. Tínhamos que demonstrar firmeza, mas era também preciso boa dose de humildade para reconhecer que estávamos diante do novo. Não havia soluções acabadas para enfrentar os desafios do desconhecido.

Talvez o grande mérito do trabalho que se iniciava tenha sido a percepção de que era preciso aprender a ouvir e recolher as lições que os episódios desconcertantes ofereciam, em vez de se eximir de responsabilidades ou atribuir a culpa a terceiros. Aprendemos a quebrar códigos e decifrar ideogramas para entender como funcionavam as facções que aterrorizavam a população carioca.

Ao mapear o comportamento do mundo do crime e estabelecer as prioridades para combatê-lo, os primeiros resultados positivos começaram a aparecer.

2
Aviação policial

Janeiro de 2007

A cada dia que passa, convenço-me de que o mundo é realmente pequeno e a vida é, na verdade, uma grande e surpreendente aventura. Há cerca de trinta anos, era comum, nos fins de semana de verão, passar o dia na praia da Barra em companhia de um grupo de jovens amigos. Como bons tijucanos, eu, Rodrigo Oliveira e Adonis Lopes de Oliveira fazíamos ponto no chamado Betom, mais precisamente na barraca do Gê, uma grande figura, com sua forma tranquila de enfrentar a vida, com seu perfil de surfista dos anos 1970, cabelos longos, tatuado, que chegava sempre à praia com a família no seu jipe do Exército, com seus inesquecíveis sanduíches naturais que ficaram famosos por serem também vendidos dentro da Uerj.

Em 2007, voltamos a nos reunir, desta vez como integrantes da área de segurança do Estado, onde passaríamos a trabalhar juntos. Eu, como subsecretário; Rodrigo, que era delegado, como coordenador da Coordenadoria de Recursos Especiais (Core); e Adonis como chefe do setor aéreo da Polícia Civil. Nosso primeiro encontro funcional foi em frente ao prédio da Chefia de Polícia, na rua da Relação, após a solenidade de posse do novo chefe da Coordenadoria de Inteligência da Polícia Civil (Cimpol).

Foi nesse encontro que reavivamos nossa primeira conversa sobre um assunto antigo: a necessidade de se adquirir um helicóptero blindado para operações em favelas que se espalhavam pelas encostas da cidade. Não era possível continuar enfrentando traficantes que desfrutavam de posições privilegiadas com um helicóptero comum. Eu sabia que esse era um desejo antigo do setor. Conhecia as dificuldades e os riscos que a aviação policial enfrentava nos últimos anos. Era natural também que, diante da minha nova função, Adonis e sua equipe acreditassem que talvez pudessem transformar aquele velho desejo em realidade.

Não foi uma tarefa tão simples como imaginavam. Para se entender a necessidade de adquirir uma aeronave blindada para a polícia do Rio, é preciso voltar

O PÁSSARO DE FERRO

no tempo e visualizar o delicado pano de fundo daquele período conturbado. Nosso Estado vivia o auge da "cultura do fuzil". Ao contrário de outras grandes cidades brasileiras, a escalada armamentista havia crescido diante da existência de facções rivais que se armavam, cada vez mais, com o objetivo de garantir o domínio territorial e expandir seu poder em outras áreas da cidade.

A polícia viu-se, de repente, diante da necessidade de se armar na mesma medida, na tentativa de conter essa escalada e garantir o exercício de suas atribuições. Nossas aeronaves eram colocadas em permanente risco diante do poder de fogo do tráfico. Essa realidade dramática levou a Secretaria de Segurança a adotar uma estratégia que neutralizasse a capacidade bélica do tráfico. Desenvolveu-se uma política de curtíssimo prazo para localizar e desarmar, onde quer que fosse, as armas e munições usadas pelas diferentes facções do mundo do crime.

O trabalho da área de inteligência foi fundamental na localização desses arsenais. A linha de ação estabelecia que não se devia entrar em comunidades sem um objetivo claro e bem definido. Assim que era identificada a localização de um paiol, as unidades de operações especiais das duas polícias entravam em ação. O nível de qualificação dos seus integrantes garantia mais eficiência, controle e segurança no teatro de operações, tanto para as equipes como para a própria população local.

Com o aumento da presença de helicópteros em operações policiais, em áreas consideradas de alto risco, foi necessário desenvolver técnicas próprias no emprego dessas aeronaves, particularmente pela Polícia Civil do Rio de Janeiro, a primeira a usar esse tipo de equipamento no Brasil. O caráter pioneiro da aviação policial acabaria também levando as equipes a violarem, em certa medida, requisitos e parâmetros de segurança no exercício de suas atividades. Como não dispunham de uma estrutura hierárquica militar como a PM, acabavam se expondo em demasia, diante do excesso de confiança que possuíam no manejo das aeronaves.

A construção dessa técnica, do conhecimento específico de como se operar em determinadas áreas do Rio, foi desenvolvida com base no fato de os pilotos policiais atuarem no mesmo teatro de operações durante vinte, 25 anos, isto é, toda a sua vida profissional.

A peculiaridade geográfica das favelas, com locais que as equipes não conseguiam alcançar por terra, colocava em risco os policiais. Para garantir a segurança das equipes de terra, os pilotos criaram então uma técnica de combate aéreo com ações muito rápidas que exigiam grande proximidade dos alvos a serem atingidos. Esse *modus operandi* permitia localizar com precisão essas áreas. Dois atiradores, do lado de fora de cada porta, assumiam posição de combate para dar proteção ao pessoal de terra. Sua extraordinária coragem e dedicação profissional atenuavam a improvisação e a situação de precariedade das aeronaves nesse tipo de operação. O número de policiais salvos pelo setor aéreo é muito grande. Não são raros os relatos das equipes de terra que muitas vezes estiveram encurraladas em uma situação absolutamente desfavorável e que se sentiram aliviadas ao escutarem o barulho das aeronaves chegando para dar apoio.

As equipes dos helicópteros eram extremamente eficientes apesar dos riscos que enfrentavam: os atiradores ficavam totalmente expostos, voando com as portas abertas e o corpo preso por cordas, os chamados "rabos de macaco". Não tinham consciência de que podiam ser agarrados pela morte a qualquer momento. A simples aproximação do helicóptero quase sempre colocava os criminosos em fuga. Até o final dos anos 1980, eram raríssimas as avarias provocadas por disparos de arma de fogo. Durante muitos anos, a atuação dos helicópteros foi segura e bem-sucedida.

A partir dos anos 1990, os traficantes começaram a utilizar fuzis. Apesar de as quadrilhas terem aumentado seu poder de fogo, equipes bem treinadas mantiveram o controle e a segurança das ações aéreas por mais de dez anos. Nesse período, embora os fuzis já estivessem sendo utilizados, seu emprego pelo tráfico ainda não oferecia grande perigo. Eram armas de baixa qualidade, quase sempre com a coronha cortada, o que impedia a precisão dos disparos. Os traficantes se posicionavam na maioria das vezes em terreno aberto, desprotegidos, e estavam sempre nos mesmos lugares. Durante essas operações, fugiam abandonando suas armas ou eram presos ou mortos em confronto. Essas intervenções aéreas ofereciam segurança às equipes de terra, ao permitir que avançassem mais rapidamente sem o risco de sofrerem emboscadas.

De 2000 em diante, a situação começou a mudar. O comando do tráfico percebeu a vulnerabilidade dos helicópteros e mudou de estratégia. As diferentes facções passaram a arregimentar jovens que haviam prestado serviço militar em unidades especiais. Egressos da Brigada Paraquedista do Exército e do Corpo de Fuzileiros Navais colocaram, a serviço do crime, a experiência adquirida nos quartéis. Essa tropa de recém-chegados passaria a introduzir técnicas militares e táticas de guerrilha entre os "soldados" do tráfico.

Ao sobrevoar uma comunidade em posição de confronto, o helicóptero encontrava traficantes armados em diferentes pontos que atiravam contra ele de forma coordenada. Os criminosos passaram também a dividir tarefas. O que manejava o fuzil era apoiado por outro que carregava a mochila com munição. Ao agirem em dupla, passaram a ter maior agilidade de

O PÁSSARO DE FERRO

deslocamento em busca de novos pontos para continuar disparando contra o helicóptero. Adotaram também a técnica de evitar confrontos em campo aberto. Passaram a atirar nas aeronaves e no pessoal de terra de dentro de casas e barracos para dificultar a identificação de onde partiam os disparos. Com esse novo cenário, os helicópteros começaram a sofrer danos que comprometiam sua segurança: tiros na pá, no para-brisa, no rotor, no eixo, no painel, além do risco cada vez maior de serem abatidos em pleno voo. Vários pousos de emergência começaram a ser realizados diante da quantidade de avarias sofridas durante as operações. Pilotos e atiradores começaram a ser atingidos em determinadas missões. O próprio Adonis foi ferido no ombro quando pilotava seu helicóptero modelo "esquilo" sobre o Morro da Mineira, no bairro do Catumbi. Em busca de alguns traficantes que disparavam contra policiais em terra, Adonis cometeu um erro grave: permaneceu por muito tempo pairando em um mesmo lugar. A aeronave tornou-se alvo fácil para os disparos de fuzil. Quatro tiros a perfuraram, atingindo o painel e outras partes no seu interior. O impacto da munição em partes metálicas na cabine provocou uma chuva de estilhaços que atingiu o co-piloto no rosto e no braço direito, mais precisamente em uma artéria que se rompeu, jorrando sangue em grande quantidade. Nesse momento, a tensão era grande dentro da aeronave, com a tripulação muito nervosa diante da visão do colega tombando sobre o próprio corpo e sendo contido pelo manche em um helicóptero sem controle. Adonis também foi atingido por vários fragmentos que perfuraram seu ombro esquerdo e, com grande dificuldade, conseguiu estabilizar a aeronave, conduzindo-a de volta para a base do Serviço Aeropolicial (Saer) na Lagoa Rodrigo de Freitas. Somente após o pouso, a tripulação tomou conhecimento de que o piloto também estava ferido.

As aeronaves possuíam apenas uma blindagem no piso e se mostravam cada vez mais vulneráveis diante de um inimigo que se utilizava de novas técnicas de combate. As equipes não tinham como se proteger dos tiros, que podiam vir dos lados e até mesmo de cima, em consequência dos voos baixos, muito próximos das casas, e das ruas íngremes existentes nas comunidades.

Os helicópteros atuavam sempre em curva e, por isso, os tiros chegavam quase sempre pela lateral. Era comum exibirem vários disparos na fuselagem e nenhum no piso blindado, já que operavam, na maioria das vezes, abaixo da linha de tiro. Mesmo diante do risco crescente de serem abatidos, continuavam em operação diante da sua importância em áreas de confronto. A presença da aeronave, em determinados momentos, era questão de vida ou morte para o pessoal de terra. Nessas circunstâncias, a aviação da Polícia Civil

O PÁSSARO DE FERRO

procurou se adaptar às novas condições operacionais. Adquiriu um segundo helicóptero "esquilo", leve, com capacidade para cinco ou seis passageiros mais um piloto, semelhante ao primeiro. As duas aeronaves passaram a ser utilizadas ao mesmo tempo. Voavam em posição de combate, lado a lado, uma dando cobertura à outra com o objetivo de identificar e neutralizar os disparos que partiam de diferentes pontos.

Apesar de o segundo "esquilo" representar considerável reforço nas condições de segurança das missões aéreas, a vulnerabilidade dos helicópteros permanecia, diante do risco de serem alvejados com armamento pesado, especialmente em grandes comunidades e complexos de favelas como as do Alemão, Vila Cruzeiro, Maré, Rocinha, Mangueira e Jacarezinho. Nesses locais, os "esquilos" não conseguiam sobrevoar com segurança por mais de quatro minutos. Era necessário enfrentar rapidamente esse novo desafio. Lembrei-me da primeira conversa que tivera com Adonis, em 2007, quando ficou claro que precisávamos de um novo helicóptero que contemplasse algumas premissas básicas de segurança diante de uma realidade que se mostrava cada vez mais hostil.

Achei que deveríamos fugir da lógica que gerou os veículos blindados conhecidos como "Caveirões", usados pelas duas polícias, em ações de alto risco. Na verdade, eles eram o resultado de adaptações realizadas em veículos civis para emprego em operações policiais. As modificações introduzidas nesses veículos muitas vezes comprometiam seu desempenho. Não era só o aumento do peso por causa da blindagem, que os tornava mais lentos; havia também problemas de ordem mecânica e hidráulica que exigiam manutenção permanente. A maioria dos "Caveirões" ia com frequência para as oficinas em busca de reparos. Era preciso inverter esse processo. Em vez de destinar, de acordo com a tradição, uma aeronave civil para uso policial, imaginei um equipamento militar capaz de exercer uma função civil na área de segurança pública. Ele deveria, entretanto, ter sua capacidade de emprego comprovada para o tipo de operação a que se destinava.

Outro fator considerável em um projeto dessa natureza era o custo. Em 2007, tínhamos restrições orçamentárias, ou seja, havia uma limitação de recursos para investimentos na área de segurança pública. Foi com essa percepção que procurei o secretário de Segurança José Mariano Beltrame para conversar sobre a compra de um novo helicóptero. Desconfiado por natureza, característica típica de profissionais da área de inteligência, Mariano jamais tivera contato próximo com a aviação policial. Expôs suas questões sobre o emprego de helicópteros no combate à criminalidade. Tinha mais dúvidas do que certezas sobre a sua eficiência. Observou que operações aéreas eram

O PÁSSARO DE FERRO

arriscadas em regiões densamente povoadas. Queria saber qual a efetividade real da sua utilização. Os pilotos e atiradores tinham, por exemplo, a qualificação necessária para não colocar em perigo a população dessas comunidades? Qual o nível de precisão dos disparos efetuados pelas equipes dos helicópteros? Naqueles dias difíceis, com poucos recursos disponíveis, seria uma medida sensata aumentar a frota de helicópteros e elevar os custos com combustível, manutenção e seguro das aeronaves?

Mariano não acreditava se tratar de uma solução capaz de apresentar resultados concretos, em curto prazo, diante da série de questionamentos que formulara sobre esse tipo de equipamento. Precisava obter o máximo de informações sobre o novo projeto para firmar um juízo de convencimento. Naquele momento, não havia como esclarecer as objeções que apresenta ra. Apesar da montanha de questionamentos, Mariano, como de hábito, deixou o assunto em aberto até que se levantasse o maior número de dados sobre o tema.

Nunca era fácil o caminho da convicção, ainda mais sobre questões cujas informações mais importantes não estavam todas disponíveis. Como nunca tivera contato próximo com a aviação policial, era natural que Mariano adotasse uma postura de prudência diante de uma proposta pontuada de interrogações. Apesar da cautela, autorizou-me a dar andamento aos estudos para, mais tarde, diante de informações mais detalhadas, tomar uma decisão definitiva.

Autorizado pelo secretário, conversei com o então chefe de Polícia, delegado Gilberto Ribeiro, a fim de obter também a sua aprovação institucional. Afinal, a Core seria o principal beneficiário com a possível compra de um helicóptero blindado. Sua destinação para a Polícia Civil justificava-se por se tratar de um setor aéreo com reconhecida experiência, que atuava sempre com maior proximidade em combate para dar proteção às equipes que atuavam no solo. A Polícia Militar agia preponderantemente em atividades de patrulhamento e transporte de tropa. Caso tivéssemos sucesso nessa primeira empreitada, seria possível pensar na compra de uma segunda aeronave blindada para a Polícia Militar, situação que se confirmou anos depois.

Com a Polícia Civil engajada, reuni uma pequena equipe para dar andamento aos trabalhos. Era fundamental ouvir a ponta, os operadores que atuavam em combate e que se beneficiariam com a aquisição do novo equipamento. Acolhi com humildade observações dos pilotos e atiradores. Ouvi também os técnicos responsáveis pela manutenção das aeronaves. Aceitar a opinião daqueles que detêm conhecimento sobre questões que desconhecemos é ao mesmo tempo a melhor lição e o grande segredo no exercício de qualquer tipo de liderança. O conhecimento e o poder formal são duas forças que devem sempre trabalhar juntas quando se envereda por um caminho enevoado e cheio de obstáculos como o que tínhamos pela frente. Não é raro, em sede de governo, assistirmos a tomadas de decisão com base apenas no entendimento da cúpula administrativa. Muitas aquisições são realizadas de forma imperial, sem qualquer tipo de consulta àqueles que vão operar os equipamentos. O resultado quase sempre é desastroso. Criam-se verdadeiros abismos entre o material adquirido e seu uso pelos reais destinatários da compra. Muitas das vezes, os equipamentos não atendem de forma efetiva às necessidades da ponta.

A fim de evitar esse tipo de distorção, convoquei o piloto Adonis para se juntar à equipe responsável pelo desenvolvimento do projeto do helicóptero blindado. O convite foi feito não apenas por se tratar do chefe do setor aéreo, mas principalmente por ser reconhecido como um verdadeiro ás da aviação policial. Um piloto que, ao unir extraordinária coragem pessoal, senso de dever e incrível habilidade, transformara-se em uma unanimidade no meio policial, não só no Rio de Janeiro, mas em todo o território nacional. O coronel Mário Sérgio, um grande amigo, com quem tive o prazer de trabalhar na secretaria de Segurança, dizia que Adonis era "o mais maluco e aterrorizante piloto de guerra que o inimigo jamais desejaria enfrentar."

MARCIO COLMERAUER

Além de Adonis, convidei também o piloto policial Oswaldo Franco, com mais de vinte anos de experiência no comando de aeronaves em operações de combate. Reconhecidamente um profissional metódico, corajoso e eficiente, Franco aliava à sua perícia o grande conhecimento técnico e mecânico sobre os mais variados modelos de helicóptero. Por fim, chamei o delegado Rodrigo, coordenador da Core, à qual estava subordinado o setor de aviação policial. Rodrigo tinha vasta experiência no comando de unidades especializadas e era também uma referência na área de operações, tendo em seu currículo, entre outros, os cursos de operações aéreas, de tiro tático, de contraterrorismo no Exército dos EUA e de gerenciamento e negociação na Swat de Los Angeles. O trabalho dessa equipe só foi possível pelo apoio que tivemos do subsecretário-geral Márcio Derenne. Profissional sério e com perfil descentralizador, ele apoiou nosso trabalho do início ao fim do projeto. Sou muito grato pela sua confiança e amizade.

A compra de um helicóptero capaz de enfrentar qualquer situação de risco representaria uma grande virada no combate ao crime organizado em todo o Estado. Transformar esse velho sonho em realidade estava nas mãos da equipe que eu dirigia.

3
O pássaro de ferro

Janeiro de 2007

A demanda de uma aeronave totalmente blindada era uma antiga aspiração da aviação policial do Rio de Janeiro. Muitas tentativas foram realizadas sem sucesso e várias alternativas abortaram por diferentes razões. Não estávamos, na verdade, partindo do zero, mas explorando novas possibilidades.

A área de aviação proporciona uma rede de relações que estimula a criação de um ambiente muito próximo ao de uma comunidade. É um setor em que interagem os grandes fabricantes de helicópteros, revendedores, pilotos das áreas civil e militar, empresas de manutenção, além do segmento de cursos e capacitação. As grandes feiras permitem inesgotável troca de informações sobre novos equipamentos, tecnologias e tudo o que possa interessar à aviação.

Apesar da existência de tantas possibilidades, o caminho que iríamos trilhar surgiu de forma absolutamente curiosa e inesperada. A ideia que nortearia nosso projeto partiu do Franco. Ele assistia à tevê em casa, despretensiosamente, quando se viu, de repente, diante de um documentário do *Discovery Channel* sobre o *retrofit* (modernização) do *UH-1H,* helicóptero norte-americano largamente utilizado durante a Guerra do Vietnã.

O "Sapão", como é mais conhecido, fora também imortalizado pelo cinema. Em uma das cenas inesquecíveis de *Apocalypse Now*, de Francis Ford Coppola, uma nuvem de helicópteros sobrevoa lentamente uma aldeia do Vietnã ao som de *A Cavalgada das Valquírias*, de Wagner. Oliver Stone resgataria essa extraordinária máquina de guerra em *Platoon*, que lhe deu o Oscar de melhor diretor, além das estatuetas de melhor filme, melhor música e melhor montagem, em 1987.

Ao longo da história da aviação militar, poucas aeronaves conseguiram status lendário ainda em uso operacional. O *Bell UH-1H "Huey"* alcançou esta distinção através de seu recorde inigualável de desempenho e da confiança que seus muitos usuários tiveram em suas capacidades. Nenhum outro helicóptero rivaliza com as suas conquistas. Não é de se estranhar, portanto, que o *UH-1H* tenha se tornado o padrão pelo qual todos os

O PÁSSARO DE FERRO

helicópteros militares modernos são julgados. Hoje, os helicópteros da Bell construídos com a tecnologia de núcleo desenvolvida nos programas *UH-1H* estão servindo às necessidades militares e comerciais de mais de 120 países em todo o mundo, atuando em áreas de conflito por 36 anos, somando 50 milhões de horas de voo.

O documentário que Franco viu na tevê mostrava um "Sapão" totalmente rejuvenescido. A velha turbina da aeronave, substituída pela do Cobra, oferecia significativo ganho de potência. O "Sapão" fora submetido a uma verdadeira plástica. A cauda foi trocada por um modelo mais moderno. Todo o cabeamento também foi substituído: ganhou novos sistemas eletrônicos e um painel de instrumentos mais sofisticado, entre outros itens igualmente importantes. As melhorias incorporaram alguns dos avanços tecnológicos mais bem-sucedidos desenvolvidos pela Bell Helicopters, particularmente no trem de força e nas áreas estruturais. Várias melhorias nos principais componentes foram incorporadas num pacote lógico e integrado com significativos benefícios para o usuário.

O aumento da força permitiu ao usuário realizar de forma mais eficiente as missões em grandes altitudes e altas temperaturas. A utilização de técnicas de fabricação avançadas tornou possível a produção de peças de alta qualidade e componentes de precisão que proporcionaram de forma segura um maior rendimento por longos períodos de tempo, diminuindo a necessidade de manutenção e gerando, assim, mais tempo em atividade para executar missões, bem como significativa redução de custo operacional. O efeito dessas modificações é a criação de um novo tipo de *Huey* — um helicóptero com tanta capacidade que a Bell decidiu dar a ele um novo nome: *Huey II*.

Franco ficou com aquele programa na cabeça e, na mesma semana em que assistira ao documentário sobre aquele novo *pássaro de ferro*, teve a oportunidade, em um curso promovido pela Eurocopter, de comentar sobre a aeronave com um professor do Centro Tecnológico da Aeronáutica (CTA), em São José dos Campos, no interior de São Paulo.

O professor revelou que tivera a oportunidade de voar no mesmo helicóptero customizado, como piloto de prova, ao lado de um piloto da Bell, uma vez que a empresa estava tentando vender algumas unidades para a Força Aérea Brasileira. Descreveu o teste como extremamente positivo em diferentes teatros de operação. O "Sapão" remoçado foi por ele definido como uma excelente aeronave. O velho helicóptero sobrevivera à guerra e ao desgaste das décadas, permanecendo na ativa em várias áreas conflagradas mundo afora.

Algum tempo depois, Franco e Adonis participaram da LAAD — Defence & Security, a maior e mais importante feira de defesa e segurança da América Latina, que fora realizada no Brasil em 2007. Durante a visita, foram ao estande da Bell Helicopters em busca de informações sobre o *Huey II*. Severo, o representante da fábrica que os recebeu, um coronel reformado da PM de Minas Gerais, não tinha informações relevantes sobre a aeronave. Mas comprometeu-se a consultar a sede, no Texas, e repassar as informações de que Adonis e Franco necessitavam.

As primeiras notícias começaram a chegar: o coronel Severo havia ficado sensibilizado com a conversa que tivera com nossos pilotos e "abraçou" a causa como um grande colaborador. Por iniciativa própria, entrou em contato com a empresa americana, fazendo toda a diferença para que nosso projeto ganhasse corpo. Na verdade, o projeto do helicóptero *Huey II* não pertencia à Bell, mas à US Helicopters, empresa com sede no Alabama e situada na pequena cidade de Dothan. A Bell havia apenas se unido ao projeto através de uma de suas empresas, a Bell Aero.

A falta de opções de outros fabricantes em dispor de uma aeronave com o perfil que desejávamos, além de não oferecerem um preço compatível com as nossas possibilidades, empurrou-nos em direção ao *Huey II*, do qual tínhamos excelentes informações quanto à sua eficiência e versatilidade.

A única aeronave que se enquadrava no modelo que procurávamos era o *Black Hawk*, helicóptero militar americano, muito moderno, com tecnologia de ponta embarcada. Era fantástico, mas com custo proibitivo, sendo também superdimensionado para nossas necessidades. Naquela época, uma aeronave totalmente blindada como o *Black Hawk* poderia chegar a cerca de 20 milhões de dólares.

Assim, fomos avançando lentamente. O coronel Severo, representante comercial da TAM Aviação Executiva — representante exclusiva da Bell no Brasil —, inteirou-se sobre o produto e nos enviou informações técnicas e especificações sobre o *Huey II*. As informações encaminhadas aumentaram nosso interesse pela aeronave. Sendo o helicóptero um *retrofit* do *H1H*, a US Helicopters mantinha a célula original da aeronave, que passara por minucioso processo de recuperação, deixando-a 99,999999% zerada, com um motor novo e mais potente, cauda nova etc. O *Huey II* tinha ainda outro atrativo: um preço excelente. Era mais barato porque não havia custo de projeto.

Nesse ponto, justificava-se uma viagem da nossa equipe à fábrica para verificar *in loco* todo o processo de *retrofit* da aeronave, o nível de estrutura do projeto nos Estados Unidos, além de submeter o helicóptero a um teste de voo com nossos pilotos. Antes de arrumar as malas, tínhamos que enfrentar outro desafio: conquistar o apoio do chefe. O secretário ainda precisava ser convencido sobre a necessidade de um helicóptero com essas características.

4

A ponta da lança

Janeiro de 2007

O cidadão comum, a mídia e segmentos expressivos da administração pública creditam o sucesso de equipes policiais de operações especiais ao intenso treinamento a que são submetidas diante das chamadas "situações-limite". Esse conceito, na verdade, registra apenas o que se vê, o que está ao alcance dos olhos, sem que se perceba a existência de outros fatores que não aparecem, apesar de estarem sempre presentes nas ações de alto risco.

Ao contrário do que se supõe, o saldo positivo das intervenções desses grupos de elite não é apenas resultado de táticas modernas exercitadas nos duros treinamentos físicos e profissionais; é resultado também de um aspecto que nos escapa à primeira vista: a extraordinária capacidade de cooperação existente entre os membros dessas equipes, em que uns dependem dos outros, inclusive para sobreviver. Nos momentos de grande tensão, demonstram uma solidariedade e uma capacidade de doação incomum. O policial que segue à frente sabe que sua proteção depende do colega que vem atrás, e tem certeza de que ele o defenderá, inclusive arriscando sua própria segurança. Nesses grupos, criaram-se laços de lealdade.

Os integrantes dessas equipes de excelência forjaram relações de confiança mútua que se assemelham às dos tripulantes de um submarino. Quando fecham a escotilha e mergulham naquele tubo de aço, dividem a responsabilidade de suas vidas entre si: qualquer falha poderá comprometer o destino de toda a tripulação.

Em determinadas operações policiais, um pequeno acidente pode também afetar o desempenho de todo o grupo e colocar em risco a segurança dos seus integrantes. O sucesso dessas equipes pode ser explicado pelo fato de interagirem sempre em permanente sintonia. Comportam-se como músicos de uma orquestra sinfônica, que dialogam entre si, através de cordas, madeiras e metais, sob a regência de um maestro experiente, de forma sempre harmoniosa, como se tocassem um único instrumento.

O PÁSSARO DE FERRO

O intenso convívio profissional nessas equipes de operações especiais foi também responsável pela criação do chamado "sentimento de pertencimento", relações de extrema confiança e camaradagem, cerzidas ao longo de anos de trabalho em situações de alto risco. O verdadeiro sucesso desses grupos repousa na existência desse tipo de urdidura que dificilmente se esgarça, mesmo diante dos insultos do tempo. Tecida por diferentes afetos e sentimentos, essa textura funciona também como uma espécie de couraça. Talvez seja sua maior defesa quando estão em combate. Os policiais sabem que não estão protegidos só pelos coletes à prova de balas — o melhor escudo é ainda o companheiro altamente qualificado que vem atrás, dando-lhe cobertura e sendo responsável pela sua vida. Somados aos sentimentos de honra e lealdade, esses atributos dificilmente percebidos a olho nu refletem o tipo de argamassa que os mantém permanentemente unidos nos momentos mais difíceis. As áreas operacionais das polícias não estão restritas apenas ao Batalhão de Operações Policiais Especiais (Bope) e à Core, apesar de serem as grandes referências do setor. Várias unidades convencionais possuem em seus quadros equipes com vasta experiência em combate, igualmente respeitadas no meio operacional. As Delegacias Especializadas possuem, em algumas unidades, grupos extremamente combativos, equipes que durante anos atuaram diariamente em situações extremas de confronto, verdadeiras pontas de lança no combate ao crime em nosso Estado. A experiência quase diária em operações que colocavam suas vidas em risco, somada ao processo de formação na área de operações especiais, levou a Core e o Bope a atingirem um nível de excelência comparável ao das grandes forças operacionais no mundo. Apesar do sucesso alcançado, essas equipes são relativamente jovens. Em 1985, foi criado o Núcleo da Companhia de Operações Especiais (Nucoe), célula originária do Bope. Tempos depois a unidade foi promovida à Companhia Independente de Operações Especiais (Cioe) e, em 1991, tornou-se um batalhão. A Polícia Militar do Rio de Janeiro conferiu nova promoção a essa área com a criação do Comando de Operações Especiais. Em sua organização, ele integra, além do Bope, várias outras unidades que interagem e apoiam suas operações, como o Batalhão de Choque, o Batalhão de Cães e o Grupamento Aéreo e Marítimo (GAM).

O processo seletivo no Bope é extremamente rigoroso. De início, só podem se candidatar ao curso de operações especiais os policiais militares com dois anos de atividade na área de policiamento. A primeira barreira apresenta-se com os testes físicos, médicos e psicológicos, com duração de seis meses. Só os aprovados nesses testes podem participar do curso. A primeira das três fases do curso é conhecida como *Inferno*. Nas palavras do coronel Pinheiro Neto: "Lá se aprende que o inferno não é feito de fogo, nem é vermelho. Ele é verde, muito frio e molhado."

O *Inferno* funciona em uma base do Bope no interior do Estado. Ali, os alunos vivem um período de grande estresse físico e mental. Por mais que se ouça falar sobre o curso, o choque da realidade é muito forte. Trata-se de uma fase de depuração, uma espécie de peneira na qual muitos ficam. O objetivo desta fase é colocar os alunos o mais próximo possível da realidade operacional. Toda a experiência vivida pelos policiais do Bope em combate e todos os sentimentos vivenciados pela tropa são institucionalmente inseridos no curso.

Na época mais fria do ano, os alunos são proibidos de dormir por vários dias, depois começam a dormir por uma hora em alguns períodos. Os horários de alimentação não seguem nenhum tipo de padrão ou rotina e, dentro dessa situação desfavorável, tarefas pesadas são impostas e exigidas sob pena de desligamento.

Encontramos um bom exemplo no ano de 1989, quando o então tenente Mário Sérgio de Brito Duarte, que carregaria por toda a carreira uma marca de forte liderança dentro da Polícia Militar do Rio de Janeiro, encontrava-se na condição de aluno do curso de operações especiais do Nucoe. No final do curso daquele ano, foi realizado um treinamento para fuga e evasão. Num ambiente controlado, foi realizada uma simulação em que os alunos ficaram presos em um campo de concentração. Cada prisioneiro tinha a obrigação de utilizar de todos os meios disponíveis para fugir do cativeiro. Nesse cenário, os alunos foram embarcados apenas de cueca em um ônibus que os levaria de Xerém até a cidade serrana de Teresópolis. Estavam todos amarrados e com os olhos vendados. No final do destino, começaria o exercício, em que eles ficariam cativos, na mata, durante dois dias. No trajeto, já se considerando na condição de prisioneiro e surpreendendo a todos, Mário Sérgio conseguiu escapar por uma janela do ônibus e se escondeu na mata. Passou toda a madrugada escondido entre a vegetação que margeia a estrada. Fazia tanto frio naquele mês de julho, que o aluno urinou nas mãos e passou o líquido quente pelo corpo para tentar se aquecer. Pela manhã, ao sair da mata, viu que estava próximo à Granja Comary, na periferia de Teresópolis. Apanhou peças de roupa em um varal no quintal de uma casa, vestiu-se toscamente e procurou ajuda em uma casa em obras. Lá, conseguiu um serviço de ajudante de pedreiro em troca de comida. Passou boa parte do dia peneirando terra. Ao anoitecer, como estava com muita febre, fez contato com um colega de turma, o então tenente Marcos Alexandre, que servia em Teresópolis, a quem

O PÁSSARO DE FERRO

pediu ajuda. Levado à Companhia da PM na região, o comandante informou que ele seria conduzido de volta ao curso do Bope. Com o apoio de um cabo que servia na companhia, fugiu novamente. Pegou carona em uma Brasília e foi para a Baixada Fluminense, onde ficou escondido até o final do treinamento, quando então resolveu se apresentar. No curso de operações especiais, foi considerado um exemplo, uma verdadeira referência. Um ano depois, lotado no Nucoe, Mário Sérgio assumiria a coordenação do curso de formação de soldados da unidade.

Conhecedores da fama do coordenador, seis alunos decidiram realizar uma fuga nos mesmos moldes da que ele promovera no ano anterior. Mário Sérgio provaria do próprio remédio. O que os alunos não contavam era com a medida adotada pelo subcoordenador do curso. O tenente Pinheiro Neto imediatamente informou às unidades de segurança pública e aos órgãos municipais que fugitivos perigosos de um manicômio haviam escapado e se encontravam escondidos na região. Apenas dois alunos não foram encontrados; dizem que se esconderam dentro de um cemitério, em uma cova.

Os dois episódios mostram como os candidatos são testados durante o curso. Os instrutores são extremamente exigentes nos treinamentos diários. Em determinado momento, é comum o grupo começar a conversar e a pensar na possibilidade de desistir. Os alunos ficam isolados por um longo período, e a ideia de ir embora passa pela cabeça de todos. Nessa fase, alguns se dirigem à área de coordenação do curso e pedem desligamento.

Na segunda fase, há uma completa mudança de cenário. O grupo é trazido de volta, entra em forma e percebe que aquele período penoso ficou para trás. Nesse momento, é comum que parte dos alunos que pediram desligamento — em uma decisão muitas vezes precipitada, tomada em frações de segundo e fruto de um esgotamento físico e psicológico — se arrependa e solicite a reintegração, o que é sempre negado. A essa altura, o carro para levar os desistentes já se encontra no local, mas a visão do grupo em treinamento causa profunda depressão em muitos dos que se desligam. A decisão de não reintegrá-los se baseia no fato de que, se o aluno, ao enfrentar uma situação extremamente desfavorável e de grande estresse, não conseguiu suportá-la e desistiu, reagiu como se tivesse caído em combate. Ele, em tese, morreu, logo não pode voltar.

Durante a segunda fase do curso, o aluno é testado 24 horas por dia. Na realidade, será sempre avaliado ao longo da sua carreira no Bope. Os escalões superiores estão constantemente aferindo e conceituando o desempenho do combatente.

O PÁSSARO DE FERRO

Nessa fase do curso, o foco está voltado para as instruções em relação ao ambiente onde a unidade opera, às atividades e ao conhecimento necessário ao exercício das atribuições no Batalhão. Após esse período de dois meses, existe outra ruptura, quando, então, começa a terceira fase. Nessa etapa, os alunos são iniciados em operações simuladas e, em um segundo momento, inseridos no Batalhão para, ainda como alunos, participar de operações reais. Acredito que não exista no mundo outra unidade que coloque alunos em combate real.

No Bope, para se tornar comandante do Batalhão, o policial precisa ter no mínimo o posto de tenente-coronel e, para tanto, são necessários cerca de vinte anos de carreira. A forte estrutura do Batalhão e a progressão de carreira — em que o curso de formação se apresenta como verdadeiro pilar da unidade — fazem com que o comandante do Bope, por ter durante seu período de tenente a major atuado intensamente na ponta, não necessite de estar à frente das operações para provar sua competência operacional. Todos sabem do que ele é capaz. É mais importante que possa observar o andamento das operações e, assim, realizar uma coordenação mais eficiente da tropa sob seu comando. Isso não impede, entretanto, que em determinadas ações ele também participe do combate. O Bope é uma unidade com um patamar de excelência tão grande que, independentemente da escolha do comandante da unidade, o nível operacional das equipes na ponta se mantém inalterado.

A Coordenadoria de Recursos Especiais da Polícia Civil se difere do Bope em vários aspectos. A Core presta serviços variados, como, por exemplo, o efetuado pelo setor de retrato falado, pelo de Segurança para Dignitários, pelo Serviço de Apoio Policial (SAP), pela Seção de Operações Aéreas (SOA) ou pela Seção de Operações Táticas Especiais (Sote).

Os principais requisitos para ingresso na Core foram estabelecidos a partir de 2007. Exige-se um período mínimo de três anos de atividade policial para se candidatar ao Curso de Operações Policiais (COP), porta de entrada tanto para a Core como para as Delegacias Especializadas. O curso tem a duração de três semanas. Uma vez dentro da unidade, para ingressar na Sote, setor de elite dentro da Coordenadoria, é necessária a aprovação no Curso de Operações Táticas Especiais (Cote), com duração de seis meses. A Sote tem um efetivo de cerca de quarenta homens e um nível de excelência operacional equiparado ao dos policiais do Bope. Outro curso importante dentro da Core é o de Operações Aéreas, com duração de três meses, em que são preparados os tripulantes dos helicópteros. É, possivelmente, o melhor curso de operações aéreas para policiais existente em todo o país. Sua carga horária é de quinhentas horas, nas quais os policiais aprendem, por exemplo, a conhecer todos os regulamentos aeronáuticos, como segurança de voo, embarque e desembarque táticos, rapel policial e *fast hope*, tiro tático embarcado, confronto em áreas de risco, perseguições, uso de artefatos explosivos, desembarque em encostas e rochedos, içamento em guinchos, técnicas de sobrevivência e orientação, embarque e desembarque operacionais na água, sobrevivência no mar e escape de aeronave submersa. É um curso extremamente rigoroso, com nível técnico elevado, o que permite que se tenha à disposição equipes de tripulantes de primeira linha.

A escolha do coordenador da Core é definida pelo chefe de Polícia; trata-se de cargo privativo de delegado de Polícia, não sendo exigido, contudo, nenhum outro atributo técnico para a função. Assim, a liderança do coordenador da Core exerce influência direta na performance da unidade. Em regra, os grandes nomes que passaram pela Core tinham vasto currículo operacional técnico e prático. Atuavam sempre na ponta, entrando em combate à frente de seus comandados, o que de certa forma legitimava seu comando, com o reconhecimento dos subordinados diante da sua capacidade operacional e liderança. O exemplo do coordenador da Core em chefiar pessoalmente as equipes, em intervenções de alto risco, sempre causou impacto direto na capacidade operacional da unidade. Todo o processo de formação, tanto no Bope como na Core, com suas instruções e rituais, tem um papel fundamental na construção de um espírito de corpo, um sentimento de pertencimento e uma forte relação de confiança entre aqueles que integram unidades de operações policiais especiais. Essas características são potencializadas pelos anos de combate, de vitórias e perdas, inerentes à atividade do combatente.

5
Batismo de fogo

Janeiro de 2007

A primeira grande operação policial do governo Cabral foi realizada na Vila Cruzeiro, comunidade integrante do Complexo da Penha, conjunto de favelas localizado na zona da Leopoldina. Essa operação foi marcante por várias razões. Tratou-se da primeira ação conjunta de duas unidades de reconhecida excelência, o Bope e a Core, o que passaria a ser uma tônica no período. A orientação da Secretaria de Segurança era de que operações de risco fossem capitaneadas sempre por unidades de operações especiais para maior segurança e eficiência dessas missões.

Essas duas unidades iniciaram o ano de 2007 sob novos comandos: o Bope, chefiado pelo então tenente-coronel Pinheiro Neto, e a Core, pelo delegado de Polícia Rodrigo Oliveira. A escolha desses dois nomes foi fundamental na obtenção de importantes resultados no combate ao crime. Ambos eram policiais extremamente inteligentes, muito respeitados pela área operacional das duas polícias, além de exercerem grande liderança em suas respectivas unidades. Tinham boa relação pessoal e seguiram à risca as diretrizes de cooperação estabelecidas pelo secretário de Segurança. Tiveram ainda apoio significativo do subsecretário Roberto Sá, talvez o maior incentivador da ruptura das barreiras culturais e históricas existentes entre as duas polícias. Ao trabalharem, pela primeira vez, em conjunto, realizaram diversas operações com extraordinário sucesso.

A operação na Vila Cruzeiro permitiu que as duas polícias mapeassem, *in loco*, uma área em que os órgãos de segurança não entravam havia muitos anos. Nesse dia, verificou-se que a Vila Cruzeiro estava infestada por um número absurdo de traficantes, muito acima dos parâmetros esperados. Houve um violento confronto, com vários bandidos mortos e presos, além de grandes apreensões de armas, munições e drogas. A Core, sempre que participava de ações dessa natureza, costumava sair da base com munição para 10 mil tiros. Nesse dia, a operação começou pela manhã e, por volta do meio-dia, as equipes da Core estavam quase

O PÁSSARO DE FERRO

sem munição, tamanha foi a resistência e o poder de fogo do tráfico. A Divisão de Fiscalização de Armas e Explosivos (Dfae) forneceu munição para mais 40 mil tiros, sem contar com a que fora utilizada pelo Bope. Nesse tipo de unidade, é raro encontrar policiais que efetuem disparos sem ter no seu campo de visão um alvo claramente identificado ou diante da necessidade de alguma saturação de tiros para progressão. Isso dá a clara dimensão dos combates travados naquele dia.

O resultado da operação foi significativo: quinze criminosos foram presos, cinco foram mortos em confronto e um verdadeiro arsenal foi apreendido, com grande quantidade de entorpecentes. O mapeamento dessa área, tempos depois, foi fundamental na execução de grandes operações no Complexo do Alemão e na Vila Cruzeiro.

Fevereiro de 2007

No início do governo, ainda vivíamos em um cenário de desconfiança por parte da população, dos veículos de comunicação e dos profissionais ligados à área de Direitos Humanos. Não tivemos muita aprovação em nossa primeira grande operação na Vila Cruzeiro. Ainda prevalecia o discurso de que a entrada da polícia nas comunidades dominadas pelo tráfico era sempre acompanhada de atos de violência contra a população e não seria capaz de trazer nenhum benefício que justificasse os riscos inerentes às operações policiais nas favelas do Rio.

O dia 7 de fevereiro foi o mais marcante do período que trabalhei na Secretaria de Segurança. João Hélio Fernandes, um menino de seis anos, foi brutalmente assassinado durante o roubo de um veículo. Ele, sua mãe, sua irmã e uma amiga foram rendidos em um sinal de trânsito por criminosos armados. O bando obrigou que todos saíssem do carro. A mãe avisou que o filho, sentado no banco de trás, não conseguia retirar o cinto de segurança.

Durante 7 quilômetros, os bandidos arrastaram João Hélio, que se encontrava, do lado de fora do carro, ainda preso ao cinto de segurança. O menino, imolado pelos criminosos, não sobreviveu. Foi uma morte trágica, um dia inesquecível para todos os que faziam parte da estrutura da segurança pública do Rio de Janeiro. O sargento da guarnição da PM que chegou ao local não suportou o que viu. Sentou-se na calçada e começou a chorar. Não conseguia falar, apenas chorava, as mãos amparando sua cabeça, como se os olhos se recusassem a ver aquela realidade insuportavelmente dramática, mesmo para um policial experimentado como ele.

Lembro-me do Mariano arrasado. Estávamos há cerca de dois meses na secretaria e era visível o seu

O PÁSSARO DE FERRO

desgaste físico e emocional. Os cabelos já começavam a exibir muitos fios brancos; Mariano envelhecia rapidamente diante da complexidade dos problemas enfrentados a todo momento, e que exigiam rápida solução, como aquele assassinato brutal.

O desgaste atingia também toda a equipe. Você envelhece muito rápido na função. Todos se colocavam no lugar dos familiares, dos pais e da irmã que vira João Hélio ser arrastado pelo asfalto, preso ao cinto de segurança do carro. Foi um momento de inflexão, com todos nós unidos pela dor, pela indignação e pela vontade de fazer a diferença. Acredito que, naquele dia, tivemos uma só polícia no Rio de Janeiro, todos unidos pelo desejo de fazer com que esse tipo de violência terminasse de vez, a partir daquele triste episódio. A mesma emoção repercutira fortemente no 9º Batalhão da PM, responsável pelo policiamento da área. O comandante da PM, coronel Ubiratan, foi imediatamente para o local. Éramos informados de que vários policiais de folga estavam se apresentando no quartel do 9º BPM para saírem à caça dos criminosos responsáveis por aquele crime. Era necessário controlar o ímpeto da tropa. A ordem foi clara: "Vocês precisam dar uma resposta, o 9º Batalhão precisa alcançar esses criminosos vivos!" Em menos de 24 horas, eles seriam presos. Tenho certeza de que, naquele dia, o Rio de Janeiro disse:

"Basta!" A partir dali, a população começou a ficar do nosso lado. Não podíamos frustrar o voto de confiança recebido naquele momento extremamente doloroso para todos nós.

Em 2007, o Complexo do Alemão transformara-se no principal reduto do crime. Na verdade, mais do que isso: ali se refugiavam diversos grupos de traficantes de outras favelas. De comum acordo com os bandidos que gerenciavam o tráfico local, eles deixavam suas comunidades durante o dia, em comboios, formados por vários veículos roubados, chamados de "bonde". Essas caravanas, fortemente armadas, abrigavam-se no Complexo. À noite, retornavam para seus pontos de origem. Na realidade, a polícia não enfrentava apenas os traficantes do Alemão. Naquele local, lutava-se contra toda uma facção criminosa, com armas, soldados e líderes que desfrutavam de eficiente infraestrutura a serviço do crime.

Outra questão que tornava o Alemão um desafio difícil de ser vencido era sua topografia, formada por vários morros, todos muito próximos, ocupados por comunidades que praticamente se interligavam. Essa proximidade permitia que policiais que entrassem por um lado fossem atingidos por disparos efetuados pelo morro ao lado. Para que uma operação no Complexo fosse bem-sucedida, era necessário ocupar, ao mesmo tempo, todos os pontos altos da região.

No dia 6 de março de 2007, a Polícia Civil decidiu promover uma operação no Complexo do Alemão, que há muitos anos não via a incursão de forças policiais, motivo pelo qual ganhou a imagem de fortaleza inexpugnável do crime. O Alemão receberia naquele dia uma visita especial: cerca de quatrocentos homens da Polícia Civil subiriam os morros para enfrentar o santuário do tráfico. A maior parte dos policiais pertencia às Delegacias Especializadas, além de contar com a participação de outras equipes operacionais, como a Core. Os melhores quadros operacionais da Polícia Civil estavam preparados para entrar no Alemão, inclusive o setor aeropolicial, com seus helicópteros modelo "esquilo". A operação foi coordenada pelo diretor das Delegacias Especializadas, delegado Alan Turnowski. Apesar de ter sido uma ação bem planejada, as forças policiais viram-se diante de alguns imprevistos, como a insuficiência de efetivo, o que impediu a ocupação de todo o terreno, gerando graves consequências.

As equipes entraram no Complexo do Alemão às 8h da manhã, sendo recepcionadas com uma barragem de fogo. A ininterrupta troca de tiros durou cerca de nove horas, desviando-se do padrão habitual em ocupações de favelas.

Em regra, quando entravam em uma comunidade, as equipes deparavam-se sempre com alguma resistência, uma troca de tiros que durava em torno de dez minutos. Em seguida, os traficantes fugiam, escondendo-se no interior da comunidade. A favela era então ocupada sem maiores dificuldades. A troca de tiros se reiniciava apenas quando as equipes, atingindo seus objetivos, localizavam as casas onde os traficantes haviam se escondido.

Na operação do Complexo, a sequência dos acontecimentos afastou-se drasticamente da rotina a que a polícia havia se habituado. Os traficantes decidiram enfrentar as equipes com um arsenal de fuzis, falava-se na época em algo em torno de quinhentos, que atiravam ao mesmo tempo de diferentes pontos do conjunto de favelas. Além da vantagem de ocuparem uma posição privilegiada, entrincheirados nas partes mais altas do Complexo, tinham ainda pleno conhecimento do terreno em que se moviam.

Assim que as equipes entraram, a sensação era de que a operação, apesar de difícil, estava sob controle. O que fora combinado no *briefing* realizado no estande de tiros do Caju estava sendo implementado. O helicóptero tomou durante algum tempo a Pedra do Sapo, um dos pontos mais altos do Complexo. De repente, a operação saiu do controle: o helicóptero que dava cobertura às equipes precisou se proteger utilizando uma parte do morro como escudo. Em todas as tentativas de sobrevoar a área, a aeronave era recebida com uma chuva de tiros. O barulho dos projéteis de alta velocidade era, inclusive, ouvido dentro da cabine do helicóptero.

Conversando com o Alan, pouco depois da operação, ele contou que nunca tinha visto nada parecido. Uma espessa camada de fumaça cinzenta cobria todo o Complexo, espraiando-se como uma nuvem acima das lajes. Centenas de fuzis disparavam para o alto, na tentativa de acertar a aeronave. O helicóptero da Polícia Militar que se aproximava em apoio mal conseguiu participar da operação. Foi obrigado a fazer um pouso de emergência no Batalhão da PM de Olaria, após ser alvejado com dois disparos de fuzil. A equipe do delegado Ronaldo Oliveira, titular da Delegacia Especializada de Roubos e Furtos de Veículo (DRFA), havia entrado no Complexo pela região conhecida como Comlurb. Tomada a parte alta da área, um de seus policiais pediu autorização para verificar um objetivo, um local onde, segundo informações, existiria um paiol com armas e munições. Ronaldo autorizou a incursão.

Em seguida, os sete homens que foram em busca do paiol saíram da área dominada e entraram na comunidade conhecida como Nova Brasília, dentro do Complexo do Alemão. Lá, foram cercados por traficantes. Os sete policiais ficaram isolados em um canto onde eram alvejados por todos os lados, inclusive de dentro de casas no entorno. O policial Batista foi baleado na perna, a situação era desesperadora. A equipe conseguiu estabelecer contato com Ronaldo e pediu apoio.

O delegado então formou uma equipe de sete homens e foi ao encontro dos policiais encurralados. Aproximar-se do grupo foi muito difícil e, mesmo com novos reforços, o elevado número de traficantes e sua posição privilegiada no interior das casas mantinham a supremacia e o poder de fogo dos criminosos. Ronaldo e sua equipe permaneceram sob tiros, e com um policial ferido, por cerca de duas horas.

Pediram apoio, mas era impossível passar com clareza a localização naquele emaranhado de becos e ruelas e sob uma chuva de tiros. Para piorar a situação, o local produzia muito eco, e com a quantidade de tiros era impossível se guiar pelos disparos para identificar a posição de quem quer que fosse.

Em determinado momento, eles viram o helicóptero voltando em direção à Nova Brasília, mas a aeronave foi rechaçada por uma torrente de disparos de fuzil, obrigando a retirada do "Águia". Em cada beco por onde os policiais tentavam sair, eram logo cercados e alvejados violentamente pelos traficantes. Para se manterem vivos, revezavam-se na ponta: o policial

O PÁSSARO DE FERRO

posicionado na frente da equipe descarregava todo o carregador de seu fuzil de uma só vez e logo era substituído por outro que assumia a posição e sustentava fogo da mesma forma.

Em um ato de desespero, Ronaldo conseguiu pegar um colchão dentro de um barraco e atear fogo nele, provocando uma fumaça espessa que permitiu à equipe do delegado Oliveira se aproximar para uma ação de resgate.

Com a chegada do reforço, os traficantes recuaram e, de um momento para o outro, fez-se um silêncio total. Os policiais que vieram em apoio comentavam que a situação já estava calma, sob controle. O delegado da DRFA, ainda tomado pela adrenalina, respondeu orientando seus homens a ficarem protegidos. Os traficantes poderiam ainda estar no local, entocados, esperando uma oportunidade de atacá-los novamente. Nesse momento, o policial militar Melo, cedido à Delegacia Especializada de Repressão a Armas e Explosivos (DRAE), disse que subiria em uma laje para verificar a situação. Subiu por uma escadinha e, quando alcançou a laje, foi imediatamente alvejado por um disparo de fuzil 762. Melo morreu na hora, e seu corpo tombou no chão. Foi uma morte muito sentida pelas equipes que estavam no local, pois Melo era um policial querido por todos que participavam daquela operação. Morreu tentando proteger e resgatar os colegas que estavam encurralados. Pouco depois, o paiol foi encontrado e uma grande apreensão de armas e drogas foi realizada, o que não serviu para afastar o sentimento de fracasso das equipes envolvidas diante de tantos colegas feridos e mortos.

Em outra parte do Complexo, a troca de tiros era muito intensa, confrontos de grandes proporções ocorriam em diferentes pontos do Alemão. O helicóptero pilotado pelo Adonis permanecia no ar, mas sem condições de entrar em combate. Continuava protegido na encosta de um dos morros. Com o passar do tempo, o cenário agravava-se cada vez mais, com sucessivos pedidos pelo rádio para que a aeronave entrasse em ação: "Vem aqui no terreirão!" "Vem aqui, precisamos de apoio agora!"

O helicóptero tentava atender aos chamados, mas não conseguia superar a barragem de tiros imposta pelo tráfico. Em todas as tentativas, retornava para a segurança da encosta do morro. Até que, em determinado momento, veio o pedido para retirar um policial baleado próximo à Pedra do Sapo. Adonis tentou várias vezes se aproximar do local, sem sucesso, pois disparos de fuzil já haviam acertado partes da fuselagem do helicóptero. Diante da dificuldade, o piloto pediu que os policiais de terra levassem o ferido para o alto do morro, onde tentaria fazer o resgate. O helicóptero aproximou-se voando baixo, quase colado na mata, e recolheu o ferido a menos de 1 metro do solo. A cena, acompanhada pela equipe de terra, foi qualificada como cinematográfica. Se o helicóptero, naquele momento, tivesse subido mais 1 metro, teria sido derrubado.

Apesar da coragem demonstrada pela equipe de resgate, o policial gravemente ferido morreu. Atingido com vários tiros de fuzil, José Carlos Pereira Mondaine não resistiu aos ferimentos. Seu corpo foi resgatado sem vida no alto do morro. Morreu no cumprimento do dever, deixando a tripulação do "Águia" arrasada. A morte de um colega em combate é sempre muito, muito dolorosa.

Mesmo diante do grande número de apreensões — cerca de 15 mil munições de fabricação chinesa, armas e drogas —, a operação não foi considerada bem-sucedida. Policiais morreram e seis ficaram feridos. Não tínhamos nenhuma informação de baixas do lado do tráfico. Na verdade, depois de um dia inteiro de confronto, por volta das 17h, as equipes policiais tinham dificuldade para sair do Alemão. Os traficantes foram descendo do alto do morro, perseguindo as equipes e disparando contra elas. Naquele momento, ficou claro para a Polícia Civil que não era possível entrar sozinha no Complexo do Alemão. Era fundamental uma parceria séria com a Polícia Militar. Sem ela, não havia como ocupar o Alemão, assim como para a aviação era impossível operar no local sem um equipamento adequado.

6
Força e honra

1º de maio de 2007

Com a morte do menino João Hélio em fevereiro de 2007, uma viatura da PM foi colocada no local onde o veículo da família fora roubado, buscando levar uma sensação de segurança ao lugar. No dia 1º de maio, um grupo de traficantes da Vila Cruzeiro, em um Astra, armados de fuzis, atacou a guarnição e matou, com mais de trinta tiros, os soldados Marco Antônio e Marcos André. Eles foram enterrados lado a lado sob grande comoção e honras militares. Até aquele dia, a PM havia perdido 51 homens em quatro meses, uma estatística estarrecedora, levando-se em conta que na polícia de Nova York morriam, em média, apenas dois policiais por ano.

Naquele início de maio, a subsecretaria de Inteligência, chefiada pelo delegado da Polícia Federal Edval Novaes, identificou que o grupo responsável pela execução da guarnição da PM era formado por traficantes da Vila Cruzeiro. Com orientação firme da Secretaria para agir, o Estado-Maior da Polícia Militar determinou que, na noite do dia 2 de maio, o Bope entrasse na Vila Cruzeiro e capturasse o grupo de traficantes que mataram os policiais. Uma ação desse porte, em uma área crítica, com o nível de violência que o Rio de Janeiro enfrentava naquele período, foi qualificada como extremamente arriscada. A ordem direta do Estado-Maior da PM para uma operação imediata indicou que se estava diante de uma situação gravíssima, que seria realizada fora dos padrões habituais. Normalmente, uma operação desse porte exigia preparação e planejamento prévios.

No dia 2 de maio de 2007, por volta das 21h, o telefone tocou na sede do Bope dentro da favela Tavares Bastos. Quem atendeu a ligação foi o major Nunes, que chefiava, naquela noite, uma equipe de trinta homens em serviço. Do outro lado da linha, o coronel Pinheiro Neto, comandante do Bope, foi direto ao assunto: "Nunes, vai agora para a Vila Cruzeiro, ocupa o DPO [Destacamento de Policiamento Ostensivo, posto da Polícia Militar dentro da comunidade] e toda aquela região. O major ponderou com o comandante sobre os

O PÁSSARO DE FERRO

riscos de uma entrada naquelas condições, dizendo: "Coronel, o senhor está certo disso? Eu tenho para emprego imediato uma única Companhia com trinta homens que já participaram de uma missão hoje pela manhã." A resposta veio curta: "Major, entra agora." O oficial respondeu: "Ok, comandante, missão dada é missão cumprida."

No momento em que realizava um rápido *briefing* com seus homens sobre a missão e os riscos que ela envolvia, Nunes recordava-se da última vez que havia operado naquela mesma região da Vila Cruzeiro. Era noite e o blindado tinha tomado a frente, abrindo caminho para a tropa, que aguardava uma sinalização para avançar. O carro aproximou-se da entrada da comunidade e foi surpreendido por uma armadilha: a rua estava tomada por vergalhões cheios de pontas de metal, os chamados "jacarés", e todos os pneus do blindado foram destruídos. Cercado, o blindado foi atingido por artefatos explosivos vindos de todos os lados. O veículo precisou recuar rapidamente. Nunes ficou espantado com a cena, o blindado retornando, trôpego com seus pneus destruídos, e um "jacaré" sendo arrastado por baixo do veículo. O carro estava tomado pelas chamas.

Após a preleção, a equipe do Bope partiu imediatamente para a Vila Cruzeiro. Foi uma ação ousada da PM. Durante a noite, houve vários confrontos, com a morte de dois traficantes. Apesar da violenta resistência e desvantagem numérica, a tropa progredia continuamente pela favela. Após a remoção de trilhos na rua A, utilizados como barreiras para o avanço do blindado, e sob uma chuva de disparos vindos de todos os lados, a primeira patrulha foi lançada para tomar o DPO. Outras patrulhas foram inseridas em outras áreas. Por volta da 1h da madrugada, após quatro horas de confronto intenso, todas as patrulhas conseguiram alcançar o DPO. Foi então montado um cinturão de segurança que chegava até a área conhecida como "Esquina do Pecado". Posicionadas as equipes, o major Nunes ficou com um grupo patrulhando toda a área. Em torno das 3h da manhã, o major fez contato com Pinheiro Neto, informando que a parte alta do morro estava tomada. Relatou ainda detalhes da posição das equipes e dificuldades por conta do pequeno efetivo. No início da manhã, o Bope inseriu mais cem homens na Vila Cruzeiro.

Na manhã do dia 3, com a operação em curso, fomos surpreendidos com uma péssima notícia, às 8h. Uma das unidades do Bope, que incursionava pela região conhecida como Quatro Bicas, teve um dos seus homens alvejado por um disparo de longa distância vindo de um bunker totalmente concretado de onde os traficantes atiravam. O tiro atravessou transversalmente o corpo do soldado W. Santana, que morreu na hora.

O PÁSSARO DE FERRO

Pouco depois, o Bope explodiu o bunker dos traficantes dentro da Vila Cruzeiro. Era um recado claro para o tráfico: "Nós não vamos parar. Haja o que houver, vocês não irão resistir." O Bope não está habituado a sofrer baixas dessa natureza. Seu nível de excelência operacional é tão alto que dificilmente ocorrem mortes em confrontos. Essa morte, entretanto, provocou uma comoção muito forte na corporação. Naquele dia, o comandante-geral da PM, coronel Ubiratan Ângelo, encontrava-se em São Paulo participando de uma reunião com os comandantes-gerais das Polícias Militares de todo o país. Ubiratan recebeu uma ligação do coronel Pinheiro Neto, comandante do Bope, comunicando a morte de um dos seus homens. Ao perceber a gravidade do que ocorrera e o clima de tensão que envolvia a tropa, cujos integrantes raramente sofriam baixas em combate, retornou imediatamente ao Rio e convocou uma reunião com o Alto-Comando da PM.

No encontro realizado no QG da PM, na rua Evaristo da Veiga, estavam presentes o chefe do EM, coronel Samuel, e os comandantes do Bope coronel Pinheiro Neto, do Batalhão de Choque, coronel Costa Filho, do Policiamento da Capital, coronel David, e os comandantes do 9° e 16° Batalhão, os excelentes oficiais coronel Batalha e coronel Marcos Jardim, respectivamente.

Com autorização do secretário de Segurança, foi então planejada uma operação sem data para terminar.

O Bope voltaria a entrar na Vila Cruzeiro. As informações obtidas na primeira intervenção realizada em janeiro daquele ano foram fundamentais no planejamento da nova incursão. Mas havia um complicador: um blindado do Bope encontrava-se atolado na favela; se não fosse logo rebocado, seria incendiado pelo tráfico. A Vila Cruzeiro, além de ocupada por traficantes bem armados, encontrava-se totalmente bloqueada. Todos os acessos estavam fechados por barricadas, em sua maioria formadas por carros e muros de concreto. Era uma verdadeira fortaleza medieval.

No final da reunião no QG da PM, Ubiratan perguntou a Pinheiro Neto quais seriam os equipamentos necessários para cumprir aquela missão. Havia duas demandas imediatas: um trator para retirar o "Caveirão" e 5 quilos de explosivos para romper as barreiras de trilhos e outros materiais concretados no solo, que impediam a entrada de viaturas na comunidade. Foi então realizado um contato com o Exército. O Comando Militar do Leste informou não dispor, naquele momento, de veículo em condições de realizar aquela tarefa. Entrou-se em contato com o Corpo de Bombeiros em busca de apoio logístico. Uma retroescavadeira, cedida pela Prefeitura do Rio, seria utilizada na remoção das barreiras que bloqueavam as entradas da favela. Quanto ao explosivo, até hoje não sei dizer como apareceu no local.

O PÁSSARO DE FERRO

O comandante-geral da PM ligou então para o comandante dos Bombeiros, coronel Pedro Machado, a fim de saber sobre a disponibilidade de um caminhão para ser utilizado na retirada do blindado. O coronel Pedro respondeu, de imediato: "O veículo está seguindo agora para o local. O próprio coronel Santana está dirigindo o caminhão-guincho!" Tratava-se do chefe do Estado-Maior do Corpo de Bombeiros, segundo homem no comando da Corporação.

Ao desligar o telefone, Ubiratan virou-se, nervoso, para o coronel Marcos Jardim, comandante do 16º BPM: "Jardim, some daqui, vai para lá e não deixe que acertem o Santana, pelo amor de Deus!"

O tiroteio foi ensurdecedor. Horas depois, Ubiratan telefonou para Jardim, querendo notícias do coronel Santana. Do outro lado da linha, o barulho dos tiros misturava-se com a voz firme do comandante do 16º BPM: "Chefe, o Santana está bem, está tudo tranquilo." Ubiratan não conseguiu dissimular sua perplexidade: "Porra, Jardim, estou escutando tiro pra cacete e você diz que está tudo bem?!" O coronel Marcos Jardim respondeu, sem perder a calma: "Eu sei, eu sei, chefe, eles estão atirando muito, mas não vão acertar o Santana." Ubiratan respirou fundo e completou, resignado: "Ok." Em seguida, desligou o telefone e começou a torcer para que nada acontecesse ao coronel do Corpo de Bombeiros.

MARCIO COLMERAUER

O início da operação foi marcado por um episódio inusitado. Naquele momento, a determinação de um cidadão comum fez toda a diferença. O operador da máquina da Prefeitura, empolgado com a ação da tropa e a missão que havia recebido — subir o morro e abrir caminho para o avanço da tropa —, reagiu com entusiasmo surpreendente: "Deixa comigo!", respondeu, após ouvir com atenção as instruções de um oficial do Bope. Vestiu uma touca preta, enfiou-se num colete à prova de balas, ligou a máquina e subiu o morro, como se estivesse no comando de um tanque de guerra. A atitude surpreendente de um anônimo, naquele momento difícil, foi um extraordinário exemplo de doação. Seu sincero comprometimento com a missão que recebera contribuiu efetivamente para o resultado que buscávamos.

A operação na Vila Cruzeiro durou treze dias seguidos sem interrupções, nem mesmo à noite. O Bope funcionou no seu limite operacional. Apesar dos combates intensos, o território foi finalmente ocupado com grande número de apreensões de armas e drogas. Traficantes foram presos e outros morreram em confronto. As marcas da violência estavam em toda parte, com paredes crivadas de balas, vidros quebrados e cápsulas de fuzil espalhadas pelo chão.

No décimo quarto dia, os "caveiras" circulavam tranquilamente pela comunidade. Era possível sentir

O PÁSSARO DE FERRO

nitidamente o vazio daquele ambiente que, dias atrás, se transformara numa praça de guerra. Os traficantes que ainda permaneciam fora do alcance da tropa de elite resolveram abandonar a favela e migrar para o Complexo do Alemão, em busca de um refúgio seguro. Naquela operação improvisada, movida pelo sentimento de honra, o Bope mostrou toda a sua força.

Nos cinquenta dias que se seguiram à ocupação da Vila Cruzeiro, o Bope atuou intensamente no Complexo do Alemão. Os números dão a dimensão dos violentos confrontos travados na comunidade: 46 traficantes morreram e dezesseis policiais do Bope ficaram feridos sem nenhuma gravidade. Apenas dois casos exigiram cuidados especiais: um dos "caveiras" foi baleado na coxa e outro foi vítima da explosão de uma granada.

Cerca de cem moradores foram feridos, a maioria por fragmentos de projéteis ou por disparos dos próprios traficantes, que utilizavam esse recurso como forma de pressão para que a polícia abandonasse a favela. As marcas deixadas pelas chamadas "balas perdidas" foram impressionantes. O volume de fogo disparado pelos traficantes foi tão grande que, nas áreas onde ocorreram os confrontos, o chão estava acarpetado de fragmentos, resultado do emprego maciço de fuzis com projéteis de alta velocidade. Quando esse tipo de munição atinge uma parede, por exemplo, fragmenta-se e cada um dos vários pedaços vira um novo projétil capaz até de matar, embora, na maioria das vezes, cause apenas lesões.

A sequência de operações e eventos que ocorreram desde janeiro de 2007, com a primeira operação na Vila Cruzeiro, a tentativa fracassada da Polícia Civil em ocupar o Alemão, em março, e a sequência de operações da PM, em maio e início de junho, convergiam para algo inevitável: o Complexo do Alemão, como inexpugnável bastião do crime, precisava acabar.

7
O mergulho da águia

Maio de 2007

Após cinco meses de trabalho, já tínhamos uma visão bastante consistente do tipo de helicóptero de que precisávamos para atuar nessas comunidades conflagradas. Havíamos, inclusive, realizado uma ampla pesquisa e sabíamos o que o mercado de aeronaves podia oferecer como solução para nossos problemas. A pressão gerada por nós mesmos era também muito grande, uma vez que vivíamos um período em que as operações aéreas eram praticamente diárias, com confrontos cada vez mais intensos e de alto risco para as tripulações.

No início de maio, durante uma reunião com Adonis, Franco e Rodrigo, sugeri que fizéssemos a simulação de uma operação com o helicóptero para que o secretário de Segurança pudesse ver de perto como atuavam os pilotos e os atiradores. A ideia era utilizar o estande de tiros do Caju como cenário para essa apresentação. O secretário poderia então avaliar a capacidade dos atiradores em efetuar disparos precisos sem colocar em risco a vida da população. A simulação serviria, inclusive, para esclarecer as dúvidas que ainda o assaltavam sobre a eficiência, em combate, desse tipo de intervenção aérea.

A Polícia Civil espalhou balões pelo local com cores diferentes. Os balões simulavam a presença de traficantes, policiais e civis em terra. Havia ainda bujões cheios de água em pontos mais encobertos. O cenário permitiria que Mariano observasse como o helicóptero atuava em ação, além do desempenho dos atiradores, em um combate simulado.

Conversei com o secretário e agendamos a visita ao estande de tiros do Caju. Na manhã marcada para a simulação, ele embarcou num helicóptero comandado pelo Adonis e ficou sentado a seu lado, no lugar do copiloto. Havia dois atiradores em cada porta da aeronave.

Nesse dia, Rodrigo, Alan e eu chegamos mais cedo ao Caju para verificar se estava tudo pronto para a exibição. O secretário viria direto do Batalhão de Choque a bordo do helicóptero. Enquanto esperávamos, alguns policiais da Core treinavam tiro, utilizando os balões que sobraram como alvo. Alan, que na época era

O PÁSSARO DE FERRO

diretor das Delegacias Especializadas, aproximou-se dos policiais e perguntou se poderia atirar também. Um dos policiais de preto passou-lhe o fuzil com um olhar incrédulo quanto ao que ele seria capaz de fazer. De forma muito despretensiosa, Alan pegou a arma rapidamente e, ato contínuo, mirou e disparou em direção ao balão mais distante. Efetuou apenas um único disparo. Acertou no alvo. Os policiais ficaram se entreolhando, admirados com a eficiência da sua pontaria. O delegado sorriu e disse que era muito fácil atirar com fuzil. Na sua opinião, difícil mesmo seria tentar acertar aquele balão com uma pistola. Em seguida, para surpresa de todos os presentes, jogou o fuzil no chão e rapidamente sacou a pistola da cintura, efetuando dois disparos. Acertou novamente o alvo com extraordinária precisão. Afastou-se, com a mesma falta de pretensão com que havia se aproximado, dizendo somente: "Por hoje, para mim, chega de treinamento de tiro." Enquanto caminhava, confidenciou-me, em voz baixa, com um sorriso preso nos lábios: "Foi pura sorte." Ele jamais conseguiria fazer aquilo outra vez.

Nesse momento, Adonis avisou pelo rádio que estava chegando com o secretário. O helicóptero aproximou-se voando muito baixo, por trás do morro. Essa manobra faz o som das hélices e do motor serem abafados pela encosta, além de permitir que a aeronave surja, de repente, surpreendendo o inimigo.

O "Águia" despontou, no alto do morro, fez uma curva fechada parecendo um carro de corrida saindo e derrapando de traseira, mergulhou como um pássaro e subiu, de lado, para que os atiradores pudessem disparar contra os alvos. Tudo muito rapidamente, como se fosse uma operação real. O helicóptero desapareceu e retornou, outra vez, como se surgisse do nada. Ofereceu então a porta do lado esquerdo para que a outra dupla de atiradores entrasse em ação. No interior do "Águia", os policiais que efetuaram os primeiros disparos recarregaram suas armas e se colocaram novamente em posição de tiro. A aeronave movimentou-se de um lado para outro como se estivesse em combate.

A simulação chegou ao fim, o helicóptero pousou no estande do Caju e o secretário de Segurança desceu para verificar pessoalmente a pontaria dos atiradores com a aeronave em movimento. Ficou impressionado com a performance e a capacidade operacional da equipe. Somente alvos definidos como criminosos foram atingidos. Não houve nenhuma dispersão de disparos. Mostrou-se satisfeito e intimamente orgulhoso com o nível de eficiência profissional dos policiais. Não tinha mais dúvidas sobre o papel do helicóptero em intervenções de alto risco.

Encerrada a missão, caminhamos em direção aos carros, ouvindo com interesse as observações de Mariano sobre a experiência e suas impressões sobre a simula-

O PÁSSARO DE FERRO

ção. Ele não parava de elogiar a perícia da tripulação em manobras tão complexas e a rapidez de reflexo de toda a equipe. Achei que tínhamos convencido o chefe sobre a necessidade de termos uma aeronave blindada.

Mariano, Rodrigo, Alan e eu passamos pelos mesmos policiais que praticavam tiro no estande. O secretário virou-se para o Rodrigo e o desafiou a acertar o alvo mais distante. O coordenador da Core não sabia que o fuzil que recebera das mãos do Alan estava com a mira propositalmente desregulada. Rodrigo fez posição e atirou. Nada. Atirou novamente e nada. Tentou mais uma vez. Não conseguia atingir o alvo.

Mariano, como de hábito, manteve um sorriso de canto, divertindo-se com a irritação de um dos melhores atiradores da polícia do Rio que não conseguia atingir um alvo fixo. Continuamos andando e escutando os disparos cada vez mais distantes. Acho que ele descarregou o carregador do fuzil antes de ir embora.

Fomos autorizados a conhecer a fábrica de helicópteros nos EUA.

24 de junho de 2007

O *Huey II* era o resultado de um projeto de *retrofit* desenvolvido pela US Helicopters, uma empresa de porte médio localizada no interior do Alabama. Nessa região, ficam as cidades de Dothan e Enterprise. Boa parte da sua atividade econômica baseia-se na aviação, por causa do *Fort Rucker*, uma das mais importantes unidades de treinamento da Força Aérea Americana. Assim, várias empresas do setor instalaram-se na região.

A viabilidade do *Huey II* só foi possível depois que a US Helicopters se associou à Bell Helicopters, um dos maiores fabricantes de helicópteros dos Estados Unidos. A Bell é representada com exclusividade no Brasil pela TAM Aviação Executiva. Foi em companhia do coronel Severo que Rodrigo, Adonis, Franco e eu embarcamos com destino ao Alabama. Apesar de estar com o pé engessado, em consequência de uma fratura, Franco não podia perder aquela viagem. Nosso destino era a capital do amendoim, Dothan, cujo nome foi inspirado no Gênesis 37:17: "Vamos ao Dothan." Um quarto da produção americana de amendoim está concentrada no Alabama, onde fica a sede da US Helicopters, empresa responsável pelo *retrofit* da aeronave que pretendíamos testar. Nossa viagem se destinava a acompanhar o processo de fabricação do helicóptero e conhecer a estrutura da empresa. Em seguida, viajaríamos para a capital do Estado de Nova York, a cidade de Albany, onde funciona a sede do setor de aviação da polícia daquele Estado. Tínhamos informação de que operavam com o *Huey II* e queríamos saber a im-

O PÁSSARO DE FERRO

pressão dos policiais americanos sobre o desempenho do helicóptero em ação. Em Albany, tentaríamos ainda viabilizar um voo com nossos pilotos.

Embarcamos para Miami, onde fizemos uma conexão para Dothan. Desembarcamos no pequeno aeroporto da cidade na tarde de 24 de junho. Fomos recebidos pelo representante da Bell para a América Latina, Eric Wasson, profissional competente, inteligente, com excelente domínio da língua portuguesa. O americano era casado com uma brasileira. Só tropeçava no idioma quando dizia, raramente, algum palavrão, como na ocasião em que disse, irritado: "Fulano é muito puta que pariu."

Durante todo o processo, Eric conquistou a admiração da equipe diante da sua capacidade de superar problemas, organizar reuniões e marcar visitas técnicas. Acompanhava tudo de perto, e foi graças ao seu empenho pessoal que conseguimos superar boa parte dos problemas que surgiram durante o processo de aquisição da aeronave. O americano foi incansável para que conseguíssemos atingir todas as metas dentro dos prazos definidos.

No trajeto para o hotel, na cidade de Enterprise, cujo traçado se confunde com o de Dothan, estando os dois centros muito próximos, divertimo-nos com uma exótica tradição cultural da região. Com cerca de 30 mil habitantes, Enterprise reverencia o gorgulho, inseto considerado uma das piores pragas para o plantio do algodão. Na principal rua da cidade, vê-se a estátua de uma mulher segurando um gorgulho. Essa estranha homenagem se justifica porque, com o fim das plantações de algodão — que eram a principal fonte de renda local e foram devoradas pela praga —, a região foi obrigada a diversificar sua economia, abrindo espaço para a diversidade no plantio com especial ênfase na plantação de amendoim, o que trouxe prosperidade para a região.

Era um domingo quando chegamos a Enterprise. A cidade com construções baixas, esparsas e pequenas, parecia deserta. As únicas pessoas que vimos foram uma família parada em uma esquina. O pai estava enfiado num terno preto com chapéu, a mãe usava um vestido branco. A filha, muito loura, não devia ter mais do que quatro anos, vestia um conjuntinho branco cheio de babados. Todos estavam de mãos dadas, imóveis, naquela esquina. Quando nosso carro passou, bem devagar, observamos que só a menina olhou em nossa direção. Os pais mantinham a atenção fixa em um ponto qualquer do outro lado da rua.

A garotinha levantou uma das mãos lentamente e acenou para nós. Foi seu único gesto, sem nenhum sorriso, nada, apenas um aceno. Logo depois, chegamos ao hotel, deixamos as malas, jantamos em um restaurante próximo e fomos dormir. Naquela noite, o Rodrigo teve um pesadelo. Sonhou com a menina de branco. Ele levantava de madrugada, olhava pela janela e lá estava ela, no meio da rua escura, sob uma luz direcionada somente para ela, sozinha com seu vestido branco, olhando fixamente para ele e acenando lentamente sem expressar qualquer sentimento; de diferente, somente um lenço branco envolvendo o pescoço. Ficamos com a imagem daquela menina linda gravada na memória. Não foram raras as vezes em que, durante a viagem, nos momentos de maior cansaço e acidentes de percurso, trocávamos acenos entre nós, imitando o gesto da menina para logo em seguida rirmos das situações. Na verdade, até hoje, diante de dificuldades, utilizamos esse gesto entre nós.

No dia 25, pela manhã, fomos para a US Helicopters. Logo na entrada, tivemos uma visão impressionante: filas imensas de helicópteros *Huey*, aguardando o momento de serem enviados em aviões de carga para o Paquistão.

Nossa primeira visita foi muito produtiva: participamos de uma reunião com dois integrantes da US Helicopters, Jack Swinehart, gestor do Programa de *retrofit* do *Huey II*, e Willy Wilson, diretor de Desenvolvimento de Negócios. Ambos tinham algo em comum: eram pilotos reformados das Forças Armadas americanas, com larga experiência em combate. Willy fora condecorado como herói por sua atuação no Vietnã. Jack parecia orgulhoso em exibir outro troféu: carregava no rosto a marca de um ferimento, pouco abaixo do olho, adquirido em combate, também no Vietnã, quando pilotava um helicóptero "Sapão". Recebeu oito disparos que vazaram a fuselagem e atingiram a parte das costas do seu banco, que era blindado. Um dos projéteis conseguiu, entretanto, furar a blindagem e atingir seu rosto em pleno voo. Não era por acaso que dizia com frequência: "Investir em blindagem é sempre um bom negócio." Foi uma sorte encontrarmos esses dois pilotos veteranos como nossos primeiros interlocutores.

Após uma reunião em que foram apresentados os aspectos técnicos da aeronave e o perfil das empresas envolvidas, fomos levados ao chão da fábrica para conhecer a linha de produção do *Huey II*. Com suas estações de trabalho, lembrava uma grande linha de montagem de veículos. No primeiro estágio, via-se apenas a célula do "Sapão" ainda sem reparos. Em outra estação, já totalmente recuperada, ela recebia uma cauda nova e, em outra, o novo motor, o painel com sofisticados equipamentos eletrônicos e um novo cabeamento interno. O miolo do helicóptero era removido e substituído por novos componentes. Assim, de estação em estação, seguia até a seção de pintura e identificação. No final, o *Huey II*, totalmente reformado, deixava a linha de montagem. Era então levado para o hangar, onde seria submetido ao seu primeiro teste de voo.

Capítulo 1:

Ônibus queimados nos atentados ocorridos no Rio de Janeiro em 28 de dezembro de 2006.

Cabine da PM metralhada por traficantes em 28 de dezembro de 2006. O policial da cabine e uma criança ficaram feridos; uma mulher morreu.

Delegacia de Polícia fuzilada por traficantes em 28 de dezembro de 2006.

Capítulo 2:

Complexo do Alemão e Vila Cruzeiro.

Operação conjunta Bope/Core na Vila Cruzeiro, em janeiro de 2007.
O delegado Rodrigo Oliveira lidera a entrada da Core na favela.

Capítulo 3:

Treinamento dos tripulantes do Serviço Aéreo da Polícia Civil (Saer).

Capítulo 4:

Guilherme Pinto / Agência O Globo

O secretário José Mariano Beltrame e o comandante-geral da PM Ubiratan Ângelo chegando ao velório do menino João Hélio, em fevereiro de 2007.

Capítulo 5:

Viatura em que os dois policiais militares foram mortos a tiros por traficantes da Vila Cruzeiro em 1º de maio de 2007, no mesmo local onde o carro da família do menino João Hélio foi roubado.

Capítulo 6:

Bunker na Vila Cruzeiro, de onde traficantes atiraram e mataram o policial do Bope W. Santana em 3 de maio de 2007.

Equipe do Bope colocando os explosivos no bunker do tráfico na Vila Cruzeiro.

Explosão do bunker na Vila Cruzeiro em maio de 2007.

Major Nunes do Bope (*à esquerda*) durante a operação de maio de 2007 na Vila Cruzeiro.

Policiais do Bope na ocupação da Vila Cruzeiro em maio de 2007.

Blindado da PM após a operação na Vila Cruzeiro.

Coronel Pinheiro Neto, comandante do Bope na época, na operação de maio de 2007 na Vila Cruzeiro.

Capítulo 7:

Missão conjunta realizada em 2007, com o FBI, em Nova York.
(*Da esquerda para a direita*) Comandante-geral da PM, coronel Ubiratan, os subsecretários de Segurança Novaes, Colmerauer e Roberto Sá, o policial do Serviço de Resgate de NY e o chefe de Polícia Gilberto Ribeiro.

Imagem aérea em sobrevoo com a Polícia de Nova York no local onde as Torres Gêmeas foram derrubadas no atentado de 11 de setembro de 2001.

Interior da sede do FBI em Washington, DC, em que pode ser lida a seguinte inscrição: "The most effective weapon against crime is cooperation... The efforts of all law enforcement agencies with the support and understanding of the american people." [A arma mais eficaz contra o crime é a cooperação... Os esforços de todas as agências de aplicação da lei, com o apoio e a compreensão do povo americano.] J. Edgar Hoover.

Reunião com equipes de grandes eventos do FBI e da Polícia de Miami em 2007. (*Da esquerda para a direita*) Colmerauer (4), Ron Hendrix, adido do FBI no Brasil (6), Novaes (8) e Roberto Sá (9).

Capítulo 8:

Pátio onde os helicópteros *Huey* são preparados e endereçados ao Paquistão. Na foto, Colmerauer e Rodrigo na primeira visita à US Helicopters, no Alabama, em 2007.

Adonis, Rodrigo, Colmerauer, coronel Severo e Franco em Dothan, Alabama.

Arquivo do autor

Sede da aviação policial do Estado de Nova York, em Albany. Adonis, Rodrigo, Colmerauer e Franco com o *Huey* ao fundo.

Capítulo 9:

Viaturas chegando ao Complexo do Alemão, em junho de 2007.

Caminhão de leite que foi concretado por traficantes em um buraco na rua Joaquim de Queiroz, no Complexo do Alemão, para evitar a entrada de blindados da Polícia.

Policiais avançando dentro do Complexo do Alemão, em junho de 2007.

Capítulo 10:

Armas apreendidas pela Polícia Federal na Operação Ares.

Capítulo 11:

Furo produzido por disparo de fuzil no helicóptero "Esquilo" da Polícia Civil durante operação no Morro da Mineira.

Adonis ferido em ação, enquanto pilotava o helicóptero "Esquilo" no Morro da Mineira.

Capítulo 12:

Equipes das Delegacias Especializadas da Polícia Civil a caminho da favela da Coreia em 17 de outubro de 2007.

Adonis pilotando o "Esquilo" no início da operação na favela da Coreia em outubro de 2007.

Equipes policiais em deslocamento na favela da Coreia.

Adonis em ação na operação de 17 de outubro de 2007, na favela da Coreia.

Blindados em deslocamento na favela da Coreia em 17 de outubro de 2007.

Atiradores posicionados para confronto em operação
na favela da Coreia.

Ao fundo e encoberta pela fumaça dos disparos, a casa onde os traficantes trocavam tiros com a Polícia na favela da Coreia em 17 de outubro de 2007.

Os delegados Alan Turnowski e Ronaldo Oliveira conduzindo os traficantes presos no final da operação na favela da Coreia em 17 de outubro de 2007.

Capítulo 13:

Enterro do policial civil Dudu, em 10 de novembro de 2007.

Rodrigo, no enterro do policial Dudu.

Uma chuva de pétalas de rosas é jogada por Adonis no enterro do policial Dudu.

Capítulo 14:

Arquivo do autor

Última visita técnica antes da entrega do helicóptero
na sede da US Helicopters, no Alabama.
Franco, Jack Swinehart (o veterano piloto americano da Bell),
Colmerauer, Eric Wasson (representante da Bell no Brasil)
e Túlio Brandão (diretor da TAM).

Capítulo 15:

Arquivo do autor

Entrega da aeronave em Dothan, Alabama. (*Da esquerda para a direita*)
Eric Wasson (1), Adonis (5), Mariano (6), Colmerauer (7), Franco (8),
Jack Swinehart (9), Kyle Shiminski (10) e Lismar da Silva (11).

Capítulo 16:

Viagem do helicóptero para o Brasil, sobrevoando o Caribe.

Viagem do helicóptero para o Brasil, aproximando-se da República Dominicana.

Já em território brasileiro, o helicóptero sobrevoa a Amazônia a caminho do Rio de Janeiro.

Capítulo 17:

Tropas e blindados nos preparativos para a megaoperação de 2010 no Complexo do Alemão.

O comandante-geral da PM, coronel Mario Sérgio, acompanhando de perto os preparativos para a tomada do Alemão, em 2010.

Blindados da Marinha do Brasil posicionados para a operação no Complexo do Alemão, em 2010. No alto, a igreja da Penha.

Equipes policiais avançam para dentro do Complexo do Alemão.

O helicóptero blindado inicia a tomada do Complexo do Alemão, em 2010.

Drogas apreendidas dentro do Complexo do Alemão, em 2010.

Fotos da Aeronave

Saer

Daniel de Miranda Queiroz

Primeira versão do helicóptero do exército americano, UH1H Huey, que se tornou lendário por sua utilização na Guerra do Vietnã.

O PÁSSARO DE FERRO

Deixamos a empresa no final do dia. À noite, tivemos um jantar no hotel The Rawls, em Enterprise, com o pessoal da Bell e da US Helicopters. Fundado em 1903 com o objetivo de atender aos cansados viajantes de trem que por ali passavam no começo do século XX, o The Rawls conservava a decoração interna e as linhas originais da época em que fora construído. O hotel não ficara famoso apenas por sua arquitetura espanhola, mas também pelas histórias fantasmagóricas que contavam sobre ele. Diziam que, durante a madrugada, ouviam-se estranhos sussurros, em diferentes pontos do hotel, e que uma menina pequena era vista frequentemente correndo pelos corredores. Quando nos contaram essa história, o Rodrigo, que estava do outro lado da mesa de jantar, olhou para mim e acenou com a mão direita, como a menininha loura de vestido branco que encontramos, no dia anterior, quando chegamos à cidade.

O jantar foi magnífico, não só pelo cardápio, mas pela oportunidade que nos proporcionou de trocar experiências e ressaltar a importância do nosso projeto para o Rio de Janeiro. Falamos sobre o momento delicado que estávamos vivendo, as operações quase diárias, a quantidade de confrontos e nosso esforço em promover uma melhoria na segurança pública do Estado. Adonis e Franco fizeram uma exposição detalhada de como eram as operações aéreas nas favelas dominadas pelo tráfico, além dos riscos e dificuldades que enfrentavam. Depois de nos ouvirem com atenção, Jack e Willy falaram também sobre suas experiências na guerra. Jack contou como recebeu o ferimento no rosto, Willy falou sobre as muitas operações de combate que realizou no Vietnã. Houve, entre nós, uma sinergia forte naquela noite. Ali começou, sem percebermos, uma relação que tempos depois seria fundamental na criação de um sentimento de equipe que marcaria o processo de construção da nova aeronave. Sem os laços de amizade e compadrio que se estabeleceram a partir daquela noite, jamais teríamos conseguido superar a montanha de obstáculos que enfrentamos pelo caminho.

No dia seguinte, retornamos à empresa para discutir questões relacionadas à formação e qualificação de pilotos para operar a aeronave e o tipo de blindagem, além da estrutura de reposição de peças, a manutenção do helicóptero no Brasil e outras questões técnicas relevantes. Voltamos para o hotel satisfeitos com o volume de informações prestadas pela empresa. No dia 27, tivemos um último encontro com a equipe da US Helicopters. Um pouco antes do almoço, nossos anfitriões entenderam claramente a situação que enfrentávamos no Rio. Rodrigo e eu recebíamos, pelo rádio, informações diretas do Complexo do Alemão, onde estava sendo travada uma verdadeira batalha.

O PÁSSARO DE FERRO

Cerca de 1.200 homens avançavam, progredindo lentamente pelo terreno, tentando alcançar um ponto estratégico do Complexo, conhecido como "Areal". Através do nosso rádio, os americanos escutaram o delegado Ronaldo Oliveira falar sobre as dificuldades que enfrentava, naquele momento. Ouvia-se uma quantidade enorme de disparos de fuzil, entremeados, ao fundo, por explosões de granadas. Foram sete horas ininterruptas de troca de tiros. Os americanos ficaram impressionados com a dimensão do tiroteio.

Despedimo-nos de Jack Swinehart e embarcamos para Atlanta, onde faríamos um pernoite antes de seguirmos para Albany. No dia 29, tínhamos um encontro agendado com a Polícia do Estado de Nova York. Após uma série de imprevistos e atrasos — naquela época os aeroportos nos EUA enfrentavam uma situação de caos, reflexo das medidas de segurança contra possíveis ataques terroristas —, chegamos a Albany ao anoitecer.

No dia 29, pela manhã, fomos visitar o Departamento de Aviação da Polícia de Nova York. Chegamos por volta das 10h e fomos recebidos pelo sargento Benedicto Albizu Jr., diretor assistente de Manutenção de Aeronaves. Albizu levou-nos à presença do diretor de Aviação, o major Kenneth J. Rogers, que, burocraticamente, começou a fazer uma apresentação institucional do Departamento que dirigia. A exposição superficial deu-nos a impressão de que não estávamos sendo levados a sério. Acreditamos que se tratava, provavelmente, de falta de conhecimento sobre a nossa polícia e da realidade adversa que enfrentávamos. Nós nos entreolhávamos, durante a apresentação, convencidos de que tínhamos jogado nosso tempo fora. Ao final, quando parecia que dariam por encerrado nosso encontro, a intervenção de Adonis salvou o dia. Ele perguntou se poderia mostrar algumas fotos de operações realizadas com apoio aéreo no Rio de Janeiro. O objetivo era dar uma noção exata do que procurávamos.

Assim que os dois policiais viram as fotos, o clima mudou, como se estivéssemos em outro lugar e com pessoas diferentes. Eles se espantaram com o que viram. Ficaram impressionados com o posicionamento da aeronave em combate e começaram a fazer perguntas. Nesse novo contexto, conseguimos mostrar a razão da nossa visita. Explicamos como era importante para nós ouvirmos não só a opinião do fabricante, mas também a de uma polícia respeitada como a de Nova York, que operava uma aeronave militar como a que pretendíamos adquirir.

Nesse momento, fomos convidados para um café, e o sargento nos levou até a cozinha do Departamento, uma área enorme com grandes mesas, televisão e uma bancada. Estávamos agora sendo tratados como iguais.

O PÁSSARO DE FERRO

Não éramos apenas visitantes, mas profissionais de segurança como eles.

Havia constatado, fazia algum tempo, como essa identificação, onde quer que estejamos, promove sempre uma imediata aproximação, ao revelar que somos todos do mesmo time. Ela gera uma espécie de sentimento de irmandade, uma manifestação sincera em querer ajudar, como se um dia o outro tivesse também vivenciado as mesmas dificuldades. Esse tipo de sentimento ultrapassa as barreiras políticas e culturais, porque, afinal de contas, todos se expõem, cada qual à sua maneira, aos mesmos riscos e desafios diários, sendo certo que nossos inimigos, em síntese, são os mesmos.

Naquela manhã, no Departamento de Aviação da Polícia do Estado de Nova York, encontramos o que procurávamos. Vários policiais e pilotos juntaram-se a nós, passando todas as informações de que necessitávamos sobre o uso do helicóptero, inclusive as normas oficiais que regulavam o emprego desse tipo de aeronave nos Estados Unidos. Fomos levados em seguida para conhecer, de perto, os helicópteros que usavam nas mais diferentes missões aéreas. O depoimento dos pilotos foi extremamente positivo em relação ao *Huey*. O equipamento que utilizavam era realmente fantástico.

Adonis e Franco, entretanto, não conseguiram voar. Naquele dia, o país encontrava-se em estado de alerta em consequência do frustrado atentado com dois carros-bomba, ocorrido em Londres naquela manhã. O estado de alerta impedia que pilotos estrangeiros voassem em um helicóptero militar em território americano.

Nossa frustração foi compensada pela constatação de que uma polícia estadual como aquela, em um Estado que é referência em matéria de segurança, operava com eficiência e segurança uma aeronave militar igual à que pretendíamos adquirir para a Polícia do Rio de Janeiro.

Apesar das referências elogiosas ao desempenho do *Huey*, eu não abria mão de ele ser testado pelos nossos pilotos. Era fundamental a opinião do Adonis e do Franco. Precisávamos saber se uma aeronave daquele porte, maior e mais pesada, seria capaz de realizar determinadas manobras imprescindíveis para o tipo de operação em que seria empregada no Rio de Janeiro.

Nesse momento, tive um *insight*: viajaríamos até Bogotá para conhecer a frota de 32 aeronaves *Huey* da Divisão Antinarcóticos da Polícia Nacional Colombiana. Franco e Adonis poderiam, inclusive, testar o equipamento voando em uma região montanhosa, semelhante às áreas em que operavam no Rio. Bogotá era uma cidade igualmente cercada por imenso cinturão de pobreza. Seria nossa próxima visita.

8
Entramos em qualquer lugar

27 de junho de 2007

Uma combinação de diferentes fatores levou-nos ao dia 27 de junho, uma quarta-feira, pouco mais de um mês da abertura dos Jogos Pan-americanos. Após uma série de ações policiais que começaram em janeiro, a Vila Cruzeiro estava finalmente dominada. O levantamento da área de inteligência indicava que cerca de 80% dos crimes cometidos no Rio de Janeiro eram, de alguma forma, orquestrados no Complexo do Alemão. Além disso, havia sido garimpada uma informação preciosa: a localização exata de um paiol, no interior da favela, com grande quantidade de munição.

O frustrante resultado da operação da Polícia Civil realizada no Complexo, poucos meses antes, tinha nos deixado um gosto amargo. Era preciso reverter rapidamente aquela situação. Logo depois da tormentosa intervenção promovida em março, o delegado responsável pela operação, Alan Turnowski, acompanhado do delegado Oliveira, procurou dois coronéis da Polícia Militar, Marcos Jardim e Álvaro Garcia, para uma troca de ideias. Os três encontraram-se em uma padaria no Largo da Barra, próxima à 16ª Delegacia de Polícia. Nesse encontro, Alan descreveu sua experiência na operação de 6 de março, expondo a grande dificuldade em progredir naquele tipo de terreno, o que impediu o êxito de um trabalho pacientemente planejado.

Alan não se reuniu com os dois coronéis por acaso. Profissionais com mais de vinte anos de atuação na pista, como se diz no jargão policial, todos ali falavam a mesma língua. O coronel Álvaro foi o primeiro a ser procurado. Já se conheciam por terem atuado juntos em várias operações durante a carreira e a ideia era que ele servisse como ponte com o coronel Marcos Jardim, que comandava o batalhão que cobria a área do Alemão, o 16º BPM.

Álvaro Garcia teve uma participação decisiva na operação. Com uma trajetória difícil dentro da Polícia, serviu pela primeira vez na Polícia Militar no Regimento de Polícia Montada, unidade mista em que existe uma área operacional convencional e outra com foco em ações de polícia montada. Desde cedo, sempre demonstrou interesse pelo setor de operações. Ingressou no curso de operações especiais, retornando, já como "caveira", para o Regimento em 1989. Em 2001, sua carreira ficou marcada enquanto atuava como major no 18º Batalhão, em Jacarepaguá. O episódio em que um cinegrafista amador registrou cenas de violência sendo praticadas contra pessoas na Cidade de Deus o levou à prisão. Sua carreira foi resgatada quando recebeu a tarefa de comandar o 22º Batalhão, na tentativa de dar solução às várias ocorrências e problemas em seu entorno. Situado em Benfica, na época, cobria toda a área do Complexo da Maré, Morro do Adeus, Mandela, Varginha, Jacarezinho, as vias expressas (Linhas Amarela e Vermelha) e parte da avenida Brasil.

Em 2003, o 22º Batalhão foi transferido para dentro do Complexo da Maré. O coronel Álvaro foi o responsável pela mudança e primeiro comandante da Unidade. Para cumprir sua missão, recebeu todo apoio da Corporação, chegou a um efetivo de mil homens e muitas viaturas. Nesse período, pinçou, dentro e fora da unidade, policiais com perfil operacional. Dessa seleção, foi formada uma equipe de quinze policiais que utilizavam três veículos Blazer comandados, cada um, por um sargento. Rapidamente ganharam fama. Com cinco homens em cada viatura — quando uma das viaturas se encontrava baixada para reparos, amontoavam-se dentro dos outros dois carros e partiam —, rodavam nas áreas mais perigosas, em especial dentro do Complexo da Maré, apresentando resultados impressionantes. As Blazers ficaram conhecidas como as "Três Marias", e a equipe, como "Galácticos" — em referência ao elenco de estrelas que o time espanhol Real Madrid tinha na época. Após um ano e sete meses à frente do Batalhão da Maré, e tendo passado dois anos no 6º Batalhão, com ações pesadas e de grande risco na região — não era rara a utilização do artifício "cavalo de Troia", quando um grande efetivo entrava na comunidade e se retirava, deixando uma pequena equipe escondida dentro da favela, em um barraco, para, em um segundo momento, surpreender os traficantes —, o coronel Álvaro e seus "Galácticos" tornaram-se famosos dentro das polícias e temidos pelo tráfico de drogas no Rio de Janeiro. Foram os primeiros a alcançar, na megaoperação de junho de 2007 no Complexo, o centro nervoso do tráfico na região, o Areal.

A operação realizada no dia 6 de março pela Polícia Civil produzira valiosos ensinamentos. Através desse duro aprendizado, Alan elaborou uma proposta para ser avaliada pelos dois oficiais da PM. A ideia era planejar

O PÁSSARO DE FERRO

uma operação conjunta com a participação das duas polícias. Uma intervenção que reunisse as duas corporações com a participação no terreno dos melhores homens, de cada unidade, do ponto de vista operacional. O plano era contar com a tropa do Bope, do Batalhão de Choque, das equipes do Grupo de Ações Táticas Especiais (Gate) — o braço operacional dos Batalhões da PM —, da Core e do efetivo de todas as Delegacias Especializadas. A ideia foi levada pelos dois coronéis ao Comando da PM, ficando designado o coronel David, que comandava o Primeiro Comando de Policiamento de Área (CPA), e tinha vasta experiência naquela região para chefiar as ações da PM na operação.

A invasão do Complexo do Alemão há muito vinha sendo articulada pelo Bope e pela própria Secretaria de Segurança. Todos esses elementos, cada um à sua maneira, convergiam em uma única direção: a ocupação do Complexo. No final, esse conjunto de informações desaguou sobre a mesa do secretário de Segurança, estuário natural das ações policiais de grande porte. A ele, cabia avaliar as circunstâncias e os elementos disponíveis para aquele tipo de intervenção, a fim de decidir se a operação deveria ser realizada. Não era uma decisão fácil de ser tomada diante das implicações que envolvia. No quarto andar do antigo prédio da Central do Brasil, autorizações como aquela eram sempre avaliadas com extrema cautela. Estávamos há um mês dos Jogos Pan-americanos, e uma operação dessa envergadura apresentava um grande risco. Por outro lado, dispunha-se de uma informação segura, que não podia ser desprezada. Sabia-se a exata localização de um enorme paiol de munição a serviço do crime. A Vila Cruzeiro estava sob controle, as duas polícias estavam unidas, em termos de comando, além de terem o mesmo objetivo. Mariano decidiu assumir os riscos e autorizou a invasão do Complexo. Após o sinal verde do governador, a operação começou a ser organizada e discutida nos mínimos detalhes.

No último minuto antes da entrada no Complexo, ainda no 16º Batalhão, Álvaro conseguiu vencer a resistência do coronel David, que havia proibido que ele chefiasse sua equipe. Ele dizia: "Álvaro, você é coronel Full, você deve ficar aqui." Pouco depois, vencido, o coronel David cedeu: "Ok, chega, vai. Pode ir, magrelo." Os policiais da Delegacia de Repressão a Armas e Explosivos (Drae), chefiada pelo delegado Carlos Oliveira, entraram então pela rua Joaquim de Queiroz, um dos principais acessos do morro, reconhecido como o local com a maior dificuldade de progressão. O objetivo era tomar o Areal, o ponto estratégico que a Polícia Civil não conseguira alcançar em março, diante da barragem de fogo do tráfico. Eles conseguiram.

O Bope, com cerca de trezentos homens, ficaria responsável pela ocupação da parte conhecida como

O PÁSSARO DE FERRO

Central, à direita da Joaquim de Queiroz. O controle dessa área era fundamental. Assim que as equipes entrassem pela Joaquim de Queiroz e fossem progredindo pelo interior da favela, os traficantes teriam que recuar, encontrando ali o Bope em posição de "martelo e bigorna".

Os homens do Bope passaram a noite no DPO localizado dentro do Complexo, à espera do início da operação. O delegado Ronaldo Oliveira chefiaria a entrada pela Comlurb no caminho do Largo dos Coqueiros, área à esquerda da Joaquim de Queiroz.

Para entrar no Alemão, inicialmente é preciso tomar as partes altas à esquerda e à direita da rua Joaquim de Queiroz para que, em um segundo momento, as equipes tenham condições de progredir por essa rua, que é um verdadeiro vale, em direção ao Areal. Sem a tomada dessas duas partes altas, é impossível progredir pela Joaquim de Queiroz, porque os policiais acabariam sendo alvejados por todos os lados, de cima para baixo.

A logística, entretanto, era o grande complicador que não fora totalmente equacionado. Cada um dos integrantes do Bope, por exemplo, utilizava um fuzil com dez carregadores. Cada carregador tinha trinta projéteis. Eram trezentos tiros por homem. O peso que cada policial carregava nesse tipo de operação girava em torno de 25 quilos. Em enfrentamentos dessa natureza, era preciso, por exemplo, pensar em alimentação, água para reposição de líquidos, munição, toda uma logística que permitisse a atuação do efetivo no teatro de operações. Era uma equação extremamente delicada, não só pelas dificuldades impostas pelo terreno, mas também pela dimensão do efetivo de mais de mil homens. Apesar do minucioso planejamento, não era um problema de fácil solução. E não foi mesmo.

Naqueles dias, a avaliação da Inteligência era de que existiam, dentro do Complexo, cerca de quinhentos fuzis em poder do tráfico. A malha urbana da favela era incompreensível para quem não conhece como as casas foram construídas no morro. Pode-se entrar, por exemplo, em um barraco que se interliga com mais três ou quatro, e sair, de repente, em outra ruela em um ponto distante. Os acessos, além de não obedecerem a um traçado lógico, eram bastante estreitos, acidentados, sinuosos e íngremes. No Alemão, havia de tudo um pouco: mata, ravina, área industrial e residencial. O conhecimento do terreno e o domínio privilegiado da parte alta dos morros conferiam importante vantagem aos traficantes que controlavam a região.

Foi uma operação extremamente difícil de ser executada. O risco de vida chegava a ser palpável diante da impressionante reação do tráfico. O poder de fogo impedia a rápida progressão das equipes. Os policiais que subiram pela Joaquim de Queiroz levaram sete horas para chegar até o Areal — em 2010, na operação mais famosa no Complexo, uma equipe de catorze homens levou vinte minutos para atingir o mesmo local.

Logo no início da subida, as equipes ficaram estacionadas por duas horas porque os traficantes jogaram, literalmente, um caminhão de leite, carregado de concreto, dentro de uma grande vala feita no meio da rua Joaquim de Queiroz, como forma de contenção. Foi utilizada uma retroescavadeira para retirar o obstáculo e permitir a progressão do blindado. Tínhamos 1.350 homens: cinquenta da Força Nacional, novecentos da Polícia Militar e quatrocentos da Polícia Civil. Sem contar o apoio da área de Inteligência, incluindo a Polícia Federal, que, através da Missão Suporte, chefiada pelo delegado federal Fábio Galvão, monitorava por interceptação telefônica a movimentação de traficantes dentro do Complexo, passando as informações imediatamente para a ponta.

A surpreendente resistência dos ocupantes do morro criou a necessidade de se montar uma rápida estrutura de remuniciamento para as equipes, porque a munição estava acabando e os homens podiam ser cercados, a qualquer momento, pelos traficantes. Naquele dia, tivemos horas seguidas de tiroteio sem parar. O avanço das equipes era extremamente lento. Era preciso conquistar cada metro do terreno, ruela por ruela. Tivemos trocas de tiros a 2 metros de distância, como na Primeira Guerra Mundial, quando se podia ver o rosto do inimigo, tamanha era a proximidade dos combates.

A ocupação das partes altas do Alemão foi fundamental para o sucesso da operação. Ronaldo conseguiu, após horas de violento confronto, ocupar, de forma precária, a região do lado esquerdo do Alemão. A progressão foi feita pelo solo, sem o blindado, que foi impedido de subir porque os traficantes despejaram óleo nas vias.

Daquele ponto, observando a área destinada ao Bope, a Central, viu uma cena impressionante. No entorno de uma casa rosa, havia um confronto de grandes proporções entre traficantes e policiais do Bope, quase em campo aberto, uma verdadeira batalha. No mesmo instante, era possível ver uma grande quantidade de disparos feitos em direção à rua Joaquim de Queiroz — por mais que se garantisse a tomada das posições altas, o controle total era impossível. Muitos traficantes faziam furos nas paredes, colocavam tubos de PVC cortados e disparavam por esses buracos, produzindo uma excelente camuflagem. E, onde eles se encontravam, o cenário era caótico, com disparos permanentes em todas as direções.

O PÁSSARO DE FERRO

Os violentos confrontos e a tenacidade das equipes localizadas nas partes altas permitiram a lenta progressão das equipes do coronel Álvaro e do delegado Oliveira, que começaram a obrigar os traficantes a recuarem. Acuados, sem conseguir se refugiar nos pontos mais elevados da favela, os traficantes atiravam de dentro das casas que ocupavam. Apesar de a ação ter sido muito bem coordenada, sua execução foi extraordinariamente complexa.

Não lutávamos apenas contra uma facção que vendia drogas e explorava outros tipos de crimes. O Estado lutava contra quem queria guerra, desejando impor um estado de violência e medo. Em outros países, chamam isso de terror.

Oficialmente, o saldo foi de dezenove mortos, mas acredita-se que o número tenha sido muito maior, diante da estratégia do tráfico de recolher e sumir com os corpos de seus "soldados" para evitar uma imagem de fragilidade diante das facções rivais. Dos 1.350 homens que participaram da operação, apenas um policial morreu. Nunca houve no Rio de Janeiro uma operação de tamanha proporção. Todos os policiais que participaram, na maioria homens com mais de vinte anos de experiência, saíram com o mesmo discurso e pensamento: participamos, sobrevivemos e vencemos esta que foi a operação mais violenta da história do nosso Estado. Os traficantes do Complexo

considenavam o Alemão inexpugnável, como as forta-
lezas medievais que circundavam as cidades, espeta-
das no alto das encostas. Em 2007, o Estado mostrou
ao mundo do crime que este não estava seguro onde
quer que se escondesse. A polícia era capaz de entrar
em qualquer lugar.

O resultado dessa operação provocou um arrefeci-
mento nos ânimos do tráfico no Rio de Janeiro. Naquela época, existia uma espiral ascendente da violência
em toda a cidade. A megaoperação de 27 de junho de
2007 foi o início do trabalho policial que só terminaria
com a ocupação definitiva do Alemão em 2010.

O paiol mapeado pelo serviço de inteligência foi
encontrado durante a incursão no Complexo. A localização desse arsenal foi talvez a maior derrota sofrida
pelo tráfico nos últimos anos. O volume de munição
encontrado era superior ao que a Polícia Militar,
com cerca de 40 mil homens na época, possuía para
utilização imediata em todo o Estado. Armas foram
apreendidas, dezenas de criminosos acabaram presos,
mas nem tudo corria às mil maravilhas. Ainda teríamos que evoluir com nossas experiências na curva de
aprendizado iniciada com a problemática operação de
março de 2007.

Assim que o Alemão foi conquistado, começou a
escurecer e não tínhamos como permanecer no local.
Não possuíamos um efetivo reserva com o mesmo

O PÁSSARO DE FERRO

nível operacional capaz de substituir os policiais que haviam passado boa parte do dia em violento confronto com os traficantes. As equipes não tinham condições de virar a noite no interior da favela e continuar seu trabalho no dia seguinte. A maioria dos "soldados" do tráfico havia se escondido em abrigos subterrâneos, valas e tubulações dos rios que passam por baixo do Alemão.

Ao anoitecer, as equipes precisaram abandonar o local, e os traficantes logo retornaram ao Complexo. Aprendemos mais uma lição: para derrotar definitivamente o inimigo em seus domínios, era preciso nos prepararmos para uma batalha mais longa. Esse tipo de operação exigiria outro tipo de logística: um efetivo ainda maior, além de equipamentos e um nível de apoio que garantisse nossa permanência no interior da favela. A chave para esse problema estava no alinhamento político conquistado pelo governador junto ao Governo Federal. A próxima operação deveria contar com a participação das Forças Armadas. O Exército, a Aeronáutica e, em especial, a Marinha — instituição que merece todas as honras pelo apoio e parceria durante nossa administração, a Marinha do Brasil nunca nos faltou nos momentos críticos, assumindo, inclusive, muitos riscos na defesa da segurança em nosso Estado. As Forças Armadas seriam fundamentais na intervenção que ocorreria três anos depois.

Apesar da nossa saída, o regresso do tráfico jamais voltaria a ser proeminente, como no passado. O Complexo do Alemão nunca mais seria o mesmo. O conjunto de favelas passou a sofrer um cerco permanente na tentativa de asfixiar o poder econômico do tráfico. Foram realizadas sucessivas operações, que resultaram na apreensão de grandes quantidades de pasta-base de cocaína. Antes da ocupação do morro, a droga chegava ao Alemão em forma de cloridrato, como é chamado o pó, pronta para ser comercializada. Com o cerco permanente e as perdas sofridas pela facção que controlava o Complexo, em junho de 2007 os traficantes passaram a vender a droga em pasta, a fim de que fosse beneficiada em outras favelas. Negociar a pasta-base era mais barato, além de não exigir grandes investimentos e de ser também mais fácil de ser transportada.

A polícia passou a localizar pontos de refino da cocaína, em outras favelas, definhando economicamente o tráfico do Alemão. A entrada de fuzis AR-15, fuzis 762 e outros tipos de armamento ficou também bastante comprometida com as grandes apreensões realizadas pelas polícias do Estado e pela Polícia Federal, por meio de sua área de inteligência. Um bom exemplo foi a Operação Ares da PF, comandada pelo delegado Fábio Galvão, que desmontou uma quadrilha especializada em comprar armas e munições no Paraguai. O armamento era introduzido no país pela fronteira com o Paraná, em Foz do Iguaçu. Os criminosos transportavam o contrabando por via rodoviária para vendê-lo às facções criminosas do Rio de Janeiro. As investigações preliminares revelaram que a quadrilha trazia para o Rio uma média de vinte carregamentos por ano com cerca de 15 mil munições por viagem.

A Operação Ares foi iniciada em 2007 com a prisão em flagrante de um dos líderes da quadrilha. No veículo que ele dirigia, foram encontrados 75 granadas, 23 pistolas calibre 9 milímetros, dois fuzis calibre 762, três submetralhadoras calibre 9 milímetros e 656 munições para fuzil. Os demais integrantes da quadrilha foram presos em seguida. Foi um golpe importante contra o tráfico do Alemão, que comercializava esse armamento com outras favelas da cidade.

O trabalho da polícia foi reconhecido pela população do Rio de Janeiro, que apoiou o resultado dessas intervenções. O Governo do Estado mostrou-se, entretanto, preocupado com a repercussão dessas ações nas favelas, e encomendou uma pesquisa de opinião em comunidades carentes. Duas respostas, na época, me surpreenderam. Uma das perguntas questionava os moradores sobre o resultado da intervenção policial: "Você é a favor de operações, na sua comunidade, nos moldes da que ocorreu no Complexo do Alemão?" Oitenta e cinco por cento dos entrevistados manifestaram-se favoravelmente. A outra pergunta era ainda mais delicada: "Você é a favor de operações, na sua comunidade, nos moldes da ocorrida no Complexo do Alemão, mesmo sabendo que com isso você coloca em risco a sua vida e a da sua família?" Dos entrevistados, 68% responderam afirmativamente.

O Rio de Janeiro estava unido na luta contra a violência e a criminalidade.

9

Cuidado con los cometas!

Julho de 2007

Nossa viagem aos EUA foi excelente. A única dúvida que persistia era em relação à capacidade do *Huey II* de realizar determinadas manobras em operações de combate nas favelas do Rio. O sucesso que alcançara durante a Guerra do Vietnã atestava sua extraordinária eficiência e versatilidade como um dos melhores helicópteros militares do mundo. Entretanto, voar sobre uma cidade com a topografia do Rio e participar de ações policiais que exigiam manobras rápidas, em áreas densamente povoadas, era bem diferente do que enfrentar o inimigo em campo aberto, nos arrozais do Vietnã.

Era preciso testar esse equipamento em voo com um dos nossos pilotos, o que não fora possível no estado de Nova York. As restrições impostas, na época, pelas medidas de segurança adotadas pelas autoridades americanas impediram que Adonis e Franco pilotassem a versão usada pela polícia local.

Como tínhamos boas relações com a Polícia Nacional colombiana, entrei em contato com o tenente-coronel Fernando Buitrago Rueda, do Departamento de Assuntos Internacionais da Polícia Nacional colombiana. Foi então agendado um voo teste com um dos trinta "Sapões" utilizados pela Divisão Antinarcóticos, sediada em Bogotá.

A Colômbia havia atraído nossa atenção desde o início do governo. Eles também enfrentavam o crime nas favelas, além de problemas de acessibilidade nas comunidades carentes que foram resolvidos com a construção de teleféricos. Esse tipo de solução seria mais tarde implantado também no subúrbio carioca com o mesmo nível de aprovação.

O governador Sérgio Cabral e o secretário de Segurança José Mariano Beltrame tinham visitado Bogotá logo depois da posse, e os canais com a Polícia colombiana eram excelentes. Esse bom relacionamento facilitou a marcação do teste com o helicóptero que pretendíamos comprar.

Como a PM do Rio tinha também interesse em adquirir uma aeronave semelhante, apesar de o setor de aviação da Polícia Militar considerar esse modelo muito antigo, feio e equipado com uma única turbina, o setor aéreo da corporação queria observar de perto o desempenho do *Huey*. A PM tinha preferência por um modelo de helicóptero mais moderno com duas turbinas.

A viagem a Bogotá contou com a presença do coronel Oliveira, piloto-chefe da aviação da Subsecretaria Militar, e do tenente-coronel Pinho, comandante do GAM. A nossa equipe embarcou com a mesma equipe que visitara a fábrica nos EUA, com exceção do Rodrigo. O desejo da PM em acompanhar o teste era compreensível. No futuro, ela poderia adquirir também uma aeronave similar para transporte de tropa, o que realmente aconteceu, alguns anos depois.

Não conseguimos um voo direto para Bogotá. Fomos obrigados a fazer várias conexões. A viagem começou com uma ponte aérea Rio-São Paulo, via Congonhas, onde seguimos de ônibus para o aeroporto de Guarulhos. Embarcamos num voo para Manaus e, depois, para Bogotá. Chegamos no final do dia.

Na manhã seguinte, fomos conhecer o setor aéreo da Divisão Antinarcóticos da Polícia Nacional da Colômbia. Na verdade, era uma verdadeira Base Aérea. Possuíam 32 *Huey II* e mais vinte *Black Hawk*, além de um excelente serviço de manutenção próprio, com mecânicos treinados pelos americanos, de acordo com o tratado firmado com os Estados Unidos para o combate ao narcotráfico.

Os colombianos mostraram-nos toda sua estrutura, as aeronaves que utilizavam para cada tipo de operação e como era feita a manutenção dos aparelhos. No final, realizaram uma demonstração com os helicópteros e seus tripulantes. Era a segunda polícia que utilizava esse tipo de equipamento militar com resultados satisfatórios. Passamos o dia na base levantando informações sobre a aeronave, principalmente em relação a determinadas soluções adotadas na sua blindagem, como o reforço colocado por trás do bico da aeronave e abaixo dos pés dos pilotos. Os policiais colombianos dedicaram-se ao máximo com o objetivo de atender às nossas expectativas; sua ajuda e apoio foram decisivos para nossa tomada de decisão final. Ficou acertado que nossos pilotos poderiam testar os helicópteros no dia seguinte. Adonis e Franco conversaram longamente com os colegas colombianos sobre o nível de satisfação com esse tipo de aeronave.

Decolamos em dois helicópteros, um *Huey* e um "esquilo", e voamos em direção ao topo de uma montanha isolada nos arredores de Bogotá. Houve um revezamento com nossos pilotos e pudemos voar com a carga máxima. Adonis e Franco, entretanto, não conseguiram testar a máquina no limite. Foram obrigados a seguir as orientações do copiloto colombiano que controlava a demonstração. Apesar de não terem sido autorizadas as manobras que desejávamos, o

O PÁSSARO DE FERRO

voo permitiu que se avaliassem as possibilidades da aeronave. Franco e Adonis fizeram algumas curvas bem fechadas, sentiram a potência do motor e sua capacidade de operar em condições adversas como as realizadas sobre os morros do Rio de Janeiro.

Franco voltava para a base pilotando um *Huey* quando o copiloto colombiano gritou: "Cuidado con los cometas! Mire, los cometas!" Franco me olhou sem entender a razão da advertência, como se pensasse: "Cara louco, cometas?"

Não havia cometas no céu. O copiloto chamava a atenção para as pipas de pano que poderiam se enroscar nas hélices do helicóptero.

Apesar da quantidade de "cometas" que se movimentavam, nervosamente, em volta da aeronave, em todas as direções, chegamos em segurança à base da Divisão Antinarcóticos.

O teste foi considerado um sucesso. Nossos pilotos aprovaram o equipamento, qualificado como um helicóptero muito robusto, com uma potência incrível e excelente manobrabilidade, mesmo voando em uma altitude como a de Bogotá, a cerca de 2 mil metros acima do nível do mar. O *Huey* surpreendeu-nos positivamente em vários aspectos.

Não restavam mais dúvidas: aquele era o helicóptero de que a polícia do Rio precisava.

10

Nascidos no mesmo dia

17 de outubro de 2007

Era o meu aniversário. Rafael, meu filho, havia nascido duas semanas antes, no dia 2. Naquela quarta-feira, eu estava completando 38 anos. Despachava alguns processos no meu gabinete, na sede da Secretaria de Segurança, no antigo prédio da Central do Brasil, quando o subsecretário-geral Márcio Derenne entrou na minha sala. Aproximou-se da mesa e disse, em voz baixa, que não tinha boas notícias. Continuei despachando sem dar maior importância; afinal, notícias ruins são uma constante no tipo de trabalho que fazia.

Derenne, como de hábito, foi direto ao ponto:

— O Rodrigo tomou um tiro no pescoço na operação da Coreia e está sendo transportado agora, de helicóptero, para o Hospital Miguel Couto, na Gávea. A operação continua em andamento.

Levantei-me e fui de imediato para o hospital. Rodrigo e eu somos como irmãos, e era difícil acreditar que aquilo estava acontecendo; em tantos anos de Polícia, ele nunca havia sido ferido. No caminho do hospital, meu telefone não parava de tocar, com familiares e amigos querendo notícias. Uma das ligações que recebi foi do pessoal da aviação, que me informou sobre a gravidade do ferimento, mas que Rodrigo se manteve consciente todo o tempo, o que me tranquilizou um pouco. Quando percebi, já estava na porta do hospital.

Naquela manhã de quarta-feira, fora realizada uma grande operação da Polícia Civil na Favela da Coreia, em Senador Camará, na Zona Oeste do Rio. Cerca de trezentos homens, de Delegacias Especializadas e da Core, cercaram inicialmente a comunidade sem que fosse trocado um único tiro. Quando as equipes entraram na favela, ela estava totalmente silenciosa e deserta. Não se ouvia nem se via ninguém; nem mesmo os cachorros que costumam passear soltos pelas comunidades foram vistos.

Os policiais ocuparam a favela como se tivessem entrado num jardim. A comunidade foi dividida entre as delegacias, cada uma ficaria responsável pelo trabalho de vasculhar determinadas áreas à procura de drogas, armas e munição. A Core, sem posição definida, permaneceria de prontidão para apoiar as equipes que necessitassem de ajuda.

O helicóptero, que também participava da operação, observou do alto que o terreno estava sob controle. Não se via movimentação de traficantes pelos becos e ruelas da comunidade. Após uma hora e quarenta minutos de voo, a aeronave retornou à base, na Lagoa Rodrigo de Freitas, para reabastecer. Alguns minutos antes de pousar, o rádio avisou que a operação saíra de controle e que havia policiais baleados no local. Sérgio da Silva Coelho, lotado na Polinter, fora tocaiado e morto por traficantes escondidos na favela. Ao se aproximar de um barraco, Sérgio foi fuzilado à queima-roupa sem que tivesse condições de reagir. Outro policial, Gilberto Barbosa, atingido por um disparo na mão esquerda, continuava caído próximo à casa onde os traficantes estavam escondidos.

Rodrigo, com uma equipe de oito policiais da Core, foi chamado para apoiar as equipes que se encontravam próximas à casa onde a situação estava fora de controle. Ele estava com Alan Turnowski, do outro lado da favela, quando recebeu o pedido de prioridade. Virou-se para o chefe e disse: "Estou indo lá dar apoio." Rodrigo entrou no blindado da Core e dirigiu-se para o local. No caminho, ao ver um policial com uma criança ferida no colo, determinou que a equipe desembarcasse do veículo para que ela pudesse ser rapidamente levada para um hospital. Nesse ponto, encontrou o delegado Ronaldo Oliveira e sua equipe. Ambos foram em direção ao local onde o confronto era intenso.

Para chegar à casa onde os traficantes estavam, Ronaldo e sua equipe de sete homens precisaram atravessar um campo de futebol muito grande que fica próximo à parte alta da favela. No fundo do campo, existe uma parede branca e alta que acompanha toda a lateral do campo. Quando atravessava com seus homens, Ronaldo percebeu um disparo acima de sua cabeça, depois outro, e mais outro, um tiro por vez. Algum traficante estava efetuando disparos na direção dos policiais. A sensação era de se viver ali um verdadeiro "tiro ao pato". Esse tipo de disparo é o mais preocupante, porque você sabe que existe alguém, com certa perícia no manuseio do armamento, que está confortavelmente tentando acertar você, e que provavelmente não irá parar até acertá-lo. A área era descampada, a única opção era correr. Ronaldo correu como nunca havia corrido na vida e, enquanto chegava ao limite físico, escutando seu próprio batimento cardíaco pela soma do esforço com a adrenalina da situação, sentia os fragmentos da parede batendo

O PÁSSARO DE FERRO

sobre seu corpo durante todo o percurso. O atirador não acertou o alvo, mas, por outro lado, nunca foi localizado. Nesse momento, o helicóptero reapareceu; o cenário não era mais de calmaria. O que se via do alto era um confronto generalizado. Havia troca de tiros em diferentes pontos da favela, em especial no entorno da casa onde os policiais foram baleados.

No comando do helicóptero, Adonis tinha uma visão privilegiada. Identificou rapidamente a rua onde havia um policial morto, estirado no chão, próximo a outro, também baleado. Viu também uma mulher correndo com uma criança no colo. Ela entregou o filho a um policial que, apesar de ser baleado em seguida, ainda conseguiu retirar a criança do local e colocá-la no blindado da Core, que partiu de imediato para o hospital. O esforço, entretanto, foi em vão, porque a criança não sobreviveu aos ferimentos e morreu.

A situação, vista do helicóptero, era dramática. Adonis estava convencido de que o policial ferido, que acenava caído no chão, não conseguiria sobreviver. A equipe mais próxima não tinha como localizar o ponto onde estava. Ele seria logo encontrado e fuzilado pelos traficantes.

Nesse momento, Adonis toma uma decisão arriscada: pousa a aeronave dentro da favela para resgatar o policial ferido. O helicóptero desce com dificuldade, por causa do forte vento, em uma parte alta e inclinada do morro, a cerca de 200 metros do local onde o tiroteio era cada vez mais intenso. Armado apenas com uma pistola, Adonis salta, deixa os tripulantes protegendo a aeronave e corre na direção do colega caído, próximo à casa onde os traficantes se encontravam entrincheirados.

No caminho, encontra um grupo de policiais, deitados atrás de muros, que trocavam tiros com os bandidos. Nesse momento, vê a equipe de Rodrigo, que se deslocara para atender o pedido de apoio solicitado através do rádio.

Rodrigo, o único policial de pé, com o capacete desalinhado na cabeça, avançava totalmente desprotegido, com o fuzil na mão. O coordenador da Core reclamava, aos berros, da situação caótica em que era travado aquele confronto. "Porra, isso aqui está uma zona", praguejou irritado. As equipes desperdiçavam munição, atiravam sem um alvo definido. A operação parecia fora de controle. Não havia, naquele momento, uma coordenação adequada, o que era preocupante em um cenário como aquele.

No meio daquela desordem, com troca de tiros por todos os lados, Rodrigo virou-se para o lado e não acreditou no que viu. Adonis descia o morro, sozinho, com a pistola na mão. Corria abaixado em sua direção. Rodrigo não se conteve: "Puta que pariu, o que você está fazendo aqui embaixo? Cadê a porra do helicóptero?" Com a mesma calma que demonstra nas situações mais críticas, Adonis respondeu com o sorriso de quem não tinha muito o que dizer: "Vou ali rapidinho resgatar um colega baleado ao lado da casa." Antes de terminar a frase, já estava correndo feito louco em direção à casa e ao colega ferido.

Nenhum dos policiais percebera que havia um companheiro ferido do outro lado do barraco. Adonis, que o tinha localizado do alto, sabia o risco que corria se fosse descoberto pelos traficantes. Continuou correndo, pela lateral, para escapar da linha de tiro dos bandidos. Rodrigo resolveu acompanhá-lo para ajudar a socorrer o ferido. De repente, o piloto olhou para trás e não viu mais Rodrigo. Caminhou cerca de 20 metros e encontrou o homem caído no chão. Virou-se para ele e disse: "Vim resgatá-lo. Vamos embora antes que vejam você." O policial estava desnorteado e respondeu sem muita convicção: "Não, me deixa aqui, eu estou bem." Adonis olhou para o colega e para a ponta dos fuzis que disparavam sem trégua, das janelas, quase ao alcance da sua mão, e pensou alto: "Só tem maluco nessa porra. Vou arrancar esse cara daqui."

De repente, o piloto viu Mauro, um dos atiradores do helicóptero, conhecido por sua disposição para o combate. Ele se aproximava, com alguns colegas vindo em seguida. Adonis chamou sua atenção e pediu ajuda para retirar o ferido. Mauro derrubou a cerca que separava as duas casas e perguntou: "Cadê o helicóptero?" A aeronave continuava no alto do morro. O policial foi então retirado dali, pelo mesmo caminho, sem que os traficantes percebessem.

Adonis e Mauro ficaram, de repente, isolados, na ponta, à frente de todas as equipes que progrediam pela lateral da casa. O piloto escutou um policial gritar, de longe: "Toma a granada. Olha a granada aí!" Quando se deu conta, com uma granada nas mãos. Como estavam muito próximos da casa, os colegas pediram que a granada fosse lançada pela janela da casa. Houve então uma discussão sobre quem deveria jogá-la. Nesse momento, Adonis ouviu o barulho do motor do helicóptero dando partida. Alguém gritou: "Cadê o piloto? Tem policial ferido na aeronave!"

O copiloto era inexperiente, o helicóptero encontrava-se num terreno inclinado, e ventava forte no alto do morro. No interior da favela, havia tiroteio por todos os lados. Adonis deixou a granada com outro policial e correu em direção à aeronave. Era uma subida íngreme, mas ele só pensava no risco de o helicóptero tombar e rolar favela abaixo.

Rodrigo, ao ver Adonis correndo sozinho para resgatar o policial ferido, correu também na mesma direção. Alguns metros adiante, sentiu como se tivesse levado uma pancada na cabeça com um taco de beisebol. Passou a mão pelo local e viu o sangue escorrendo

O PÁSSARO DE FERRO

pelo pescoço, aquele tipo de sangue que sempre preocupa quem está acostumado com essas operações, um sangue escuro e grosso como se fosse gelatina. Foi ficando tonto, abrigou-se próximo a uma árvore e se sentou. Ligou o rádio e falou com Alan: "Tô pegado, meu irmão, tô indo embora, baleado, vem pra cá."

Nesse momento, apareceu o Dudu, um dos atiradores do helicóptero que havia desembarcado. Ele carregava seu equipamento de primeiros socorros, fez um torniquete no pescoço do Rodrigo e o levou para a aeronave. Olhou para os outros companheiros e perguntou, desesperado: "Cadê o piloto?"

Adonis, que fora resgatar o policial que localizara quando sobrevoava a favela, ainda não tinha voltado. O copiloto, impressionado com a gravidade do ferimento do coordenador da Core, resolveu decolar sem a presença do comandante. Quando estavam sendo iniciados os procedimentos de decolagem, o piloto apareceu, ofegante, no alto do morro. Ao ver Rodrigo naquele estado, entendeu por que seu parceiro tentava dar partida na aeronave.

Adonis assumiu o comando e decolou em direção ao Hospital Lourenço Jorge, na Barra da Tijuca, localizado nas imediações do Barra Shopping. No caminho, mudou de rumo para a Lagoa ao ser informado de que não havia nenhum neurocirurgião de plantão no Lourenço Jorge.

Ao sobrevoar o Alto da Boa Vista, em direção à Zona Sul, uma frente fria sacodiu violentamente o helicóptero. Rodrigo, que estava consciente e com muito frio pela perda de sangue, brincou com os policiais: "Morrer de tiro em operação está certo, mas morrer de frente fria é sacanagem."

Após deixar Rodrigo na Lagoa, uma equipe do Corpo de Bombeiros já estava de prontidão, pegaram o Rodrigo e foram em velocidade para o Hospital Miguel Couto, na Gávea. O helicóptero retornou à Favela da Coreia para dar apoio a uma equipe de policiais cercados no alto do morro. A aeronave fez as manobras de praxe, evitou os disparos de baixo, os atiradores posicionaram-se nas portas e, minutos depois, os bandidos já estavam fora de combate.

Quando Alan Turnowski, o delegado diretor das Delegacias Especializadas aproximou-se do local onde resgataram o policial ferido, o clima continuava tenso. Com a chegada de novas equipes e ficando sem munição, os seis traficantes que atiravam sem parar se renderam.

Cerca de cem policiais se concentraram naquele trecho da favela. Após algumas horas de tiroteio, com companheiros mortos e feridos, entre eles Rodrigo, chefe querido e muito respeitado pela tropa, começou-se a falar em vingança. Sob o impacto da notícia de que o líder se encontrava entre a vida e a morte, o ímpeto de executar os traficantes ganhou corpo.

O PÁSSARO DE FERRO

Alan, chefe igualmente respeitado pela área operacional, com o apoio do delegado Ronaldo, interveio com firmeza. Houve uma forte discussão, com gritos e palavrões, e muitos ameaçavam atirar nos presos. O clima era tenso, e toda a adrenalina produzida em horas de combate agravava a situação. Ronaldo colocou-se entre os policiais e os traficantes presos, e chegou a temer pela própria vida, tamanho o descontrole e ira generalizada das equipes que atuaram naquele combate.

Os policiais enfrentavam a liderança do Alan. Esperavam que, naquelas circunstâncias, com vários policiais emocionalmente descontrolados, ocorresse algum tipo de hesitação, que fatalmente levaria à execução dos presos. Alan não fraquejou diante da pressão das equipes: devolveu os gritos e ameaças no mesmo tom. Naquele momento particularmente difícil, manteve sua posição de chefe, mesmo diante do clima de exaltação, em que eram ouvidos gritos enfurecidos direcionados aos traficantes e até mesmo aos delegados que tentavam evitar aquela loucura. Alan impôs sua autoridade e determinou que os traficantes fossem levados para o camburão. Todos foram presos. Horas depois, as equipes que estiveram na operação procuraram os delegados para um pedido de desculpas e principalmente para agradecer aos chefes por terem evitado o pior.

O trágico balanço da operação na Favela da Coreia revelou a dimensão da violência durante o confronto: dez traficantes mortos, cinco policiais feridos e um morto, dezenas de armas apreendidas, inclusive uma metralhadora ponto trinta, de uso militar, farta munição, além de grande quantidade de maconha e cocaína. Foi uma das intervenções com maior número de baixas entre policiais civis dos últimos anos.

Ao me identificar, na portaria do Hospital Miguel Couto, fui conduzido para a ala onde o Rodrigo se encontrava, ao lado de vários médicos e companheiros da Core. Apesar da gravidade do ferimento, Rodrigo permanecia consciente. Sua sorte foi encontrar uma médica da Polícia Civil de plantão no serviço de emergência quando deu entrada no hospital.

Naquele momento, estava sendo decidido, em uma conversa entre vários médicos, se deveria ou não ser realizado o procedimento cirúrgico para a retirada do projétil e de partes do cordãozinho de ouro que ele usava, levadas com a bala para dentro do seu pescoço. Os elos do cordão e o projétil estavam alojados a milímetros da coluna. Assim que me viu, Rodrigo fez o já tradicional aceno da menininha do Alabama, mas dessa vez sem sorrisos nem gracejos. Ele estava muito abatido, com o rosto pálido e nitidamente sem forças. Eu me aproximei e ele me pediu que garantisse que a decisão a ser acatada seria a da médica da Polícia

O PÁSSARO DE FERRO

Civil. Assim foi feito. Os pedaços de metal não foram retirados naquele dia.

Ao verificar os pertences de Rodrigo, encontrei um carregador sobressalente que trazia na cintura durante a operação. Estava com a pistola e as roupas ensopadas de sangue. Ao observá-lo com mais atenção, percebi que o carregador estava estufado. Havia um projétil de fuzil preso transversalmente no seu interior. O tiro no pescoço não havia sido o único: Rodrigo também fora alvejado na altura da cintura, mas o carregador do fuzil servira de escudo, o que evitou a sua morte. A partir daquele dia, passamos a comemorar juntos a data dos nossos aniversários. Afinal, Rodrigo nascera de novo naquele dia.

11

O ministro, o atirador e o diplomata

Outubro de 2007

A viagem aos Estados Unidos e à Colômbia nos convenceram de que o *Huey II* era a melhor e a única opção que atendia às necessidades da Polícia Civil naquele momento. No despacho que tive com o secretário Mariano Beltrame, relatei nos mínimos detalhes as informações e observações que nos conduziram àquela conclusão. Mariano acompanhava, de longe, nosso trabalho, sabia o quanto a equipe responsável pelo projeto se empenhara na escolha da melhor aeronave, e das alterações que ainda precisavam ser introduzidas no modelo original. A dedicação dos envolvidos em encontrar um helicóptero que resolvesse os problemas enfrentados pelos pilotos, ao sobrevoarem as favelas do Rio, há muito o sensibiliza-ra. Não foi, portanto, difícil convencê-lo da excelência da aeronave escolhida. Assim que terminei minha exposição, Mariano determinou que fossem tomadas as providências para que ela fosse adquirida.

Com a abertura do processo de compra, nos vimos diante de uma sucessão de obstáculos. Tratava-se de uma aquisição inédita no Brasil. Nenhuma força de segurança pública do país possuía um helicóptero militar. Existiam impedimentos de ordem legal e técnica que precisavam ser resolvidos rapidamente. A compra daquela aeronave se fazia cada vez mais urgente diante do poder de fogo do tráfico.

Nos Estados Unidos, a aviação era dividida em Militar, Civil e de Estado. Era na aviação de Estado que se encontrava a autorização legal para a utilização de aeronaves militares pelos órgãos de segurança pública e defesa civil americanos. No Brasil, entretanto, o regulamento é totalmente diferente. Só existem duas categorias: Aviação Civil e Aviação Militar, sem qualquer relação entre elas. Não havia nenhuma brecha legal que permitisse o uso civil de um helicóptero militar.

Uma aeronave militar é concebida e fabricada para emprego em combate. Está em seu DNA. Pode-se pintar um *Black Hawk* de amarelo, retirar todos os seus equipamentos e instrumentos originais, mas ele continuará sendo um helicóptero militar. Esse era o caso do *Huey II*, um helicóptero americano de fabricação militar testado em dezesseis anos de guerra, e ainda utilizado em várias regiões de conflito mundo afora. Havia uma questão que nos preocupava: o mercado de aeronaves, em 2007, estava extremamente aquecido. Havia filas imensas para a compra de helicópteros dos mais variados modelos. Corríamos o risco de só recebermos a aeronave em 2009 ou 2010. A customização do equipamento representava também uma dificuldade adicional, diante da meta de colocá-lo em operação até meados de 2008.

Diante desse conjunto de dificuldades, fizemos uma consulta à Agência Nacional de Aviação Civil (Anac). Após uma avaliação técnica, produzida por vários órgãos internos, a Anac informou que era impossível a aquisição desse tipo de aeronave diante de uma série de restrições legais. Essa resposta deixou claro, para nossa equipe, que, pelas vias normais, jamais conseguiríamos usar esse tipo de equipamento.

No dia seguinte, conversei com o secretário de Segurança sobre os obstáculos que precisávamos enfrentar. Mariano autorizou-me a agendar um encontro com o governador, que me recebeu prontamente. Ele vinha acompanhando de perto o trabalho da nossa equipe — por sua orientação, eu prestava contas diretamente a ele sobre esse projeto — e acreditava que esse modelo de helicóptero daria mais proteção aos policiais.

Esse tipo de aeronave, além de garantir supremacia às operações, reduziria o tempo de confronto, com menos riscos para a população.

Fui recebido pelo governador em seu gabinete, no Palácio Guanabara. Não havia auxiliares presentes. Fiz então um breve relato sobre o andamento dos trabalhos e expus a dificuldade em relação à legislação que nos impedia de utilizar esse tipo de equipamento. Havia, inclusive, a possibilidade de recebermos esse helicóptero antes do prazo previsto. Ocorrera uma desistência, na fila de encomendas, e a Bell nos ofereceu o lugar de um departamento de polícia de uma cidade americana que cancelara o pedido. Ficaríamos no terceiro lugar na fila. Não podíamos perder a oportunidade de receber a aeronave ainda em 2008.

Aproveitei a ocasião e pedi que o governador consultasse o ministro da Defesa, Nelson Jobim, na esperança de que nos ajudasse a encontrar uma solução. Não podíamos formalizar a encomenda sem que a questão legal estivesse resolvida. O governador fez a ligação, na mesma hora, e conversou com o ministro na minha frente. Deixou agendado um encontro, em Brasília, com Jobim e sua equipe, a fim de que pudéssemos expor as dificuldades que enfrentávamos. Chegamos a Brasília em um dia agitado. Ocorrera uma mudança na presidência da Anac e havia muitos jornalistas e fotógrafos na entrada do Ministério.

O PÁSSARO DE FERRO

Levei Adonis e Franco para me assessorarem na reunião com o ministro Nelson Jobim. Entramos no prédio com um pequeno arquivo fotográfico, em que se podiam ver as avarias sofridas pelos helicópteros que sobrevoavam as favelas. Mostramos também fotos de pilotos feridos para tentar sensibilizar a equipe do Ministério da Defesa.

Fomos recebidos pelo chefe de gabinete do ministro, Murilo Marques, um carioca que se propôs a nos ajudar a desatar aquele nó. Sua participação foi decisiva no encaminhamento dos problemas que haviam resultado naquele impasse.

O dia estava bastante tumultuado, pessoas entravam e saíam com frequência do gabinete de Murilo, onde estávamos reunidos com o brigadeiro Godinho. Ele foi outro grande aliado na busca de uma solução para o nosso caso. Expus todas as questões e entraves legais que dificultavam a aquisição do helicóptero.

Naquela época, a política de segurança do Rio de Janeiro ocupava um papel de destaque no cenário nacional. Havia um grande respeito pelo trabalho que estava sendo realizado. O desejo de encontrar uma solução era nítido durante a reunião, que contou com a participação de vários representantes do Ministério da Defesa. De repente, o ministro entrou no gabinete e todos se levantaram. Após as apresentações de praxe, falamos sobre as restrições da legislação para a compra do helicóptero de que precisávamos. Expus a situação dos pilotos, mostramos fotos dos tripulantes feridos e das avarias sofridas pelas aeronaves.

O ministro olhou as fotos com interesse, examinou minuciosamente o projeto e afirmou: "Vou resolver." Virou-se para sua equipe e disse, em tom de brincadeira: "Se não resolverem isso, vou colocar vocês para voar no Rio, sobre áreas de risco, nas mesmas condições que esses policiais." E apontou para uma foto onde os atiradores apareciam, com o corpo do lado de fora da aeronave, durante uma operação aérea.

O ministro Nelson Jobim foi um grande aliado da Segurança Pública do Rio de Janeiro durante aqueles anos. Esse foi apenas um desses momentos.

Foi então aberto um processo no Ministério em Brasília, que passou pela avaliação da Aeronáutica, pela Anac e pela própria Defesa. Esse processo gerou uma autorização especial para que a polícia do Rio adquirisse excepcionalmente uma aeronave militar. Em seguida, foi encaminhado um projeto de Lei para a Casa Civil da Presidência da República com o objetivo de se encontrar uma regulação definitiva para o problema. Diante da possibilidade da compra, confirmamos nosso interesse em adquirir o equipamento e garantimos nosso lugar na fila de encomendas. Receberíamos a terceira aeronave fabricada em 2008.

O PÁSSARO DE FERRO

9 de novembro de 2007

Foi um dia triste para todos nós. Um trágico acontecimento marcaria novamente nossa equipe. Eduardo Henrique Demoro Hamilton Mattos, o querido Dudu, policial atirador da Core que salvara a vida do Rodrigo na favela da Coreia, morrera com um tiro na cabeça. Fora baleado com um disparo de fuzil efetuado a longa distância. Encontrava-se em posição de combate, com metade do corpo do lado de fora, na porta do helicóptero, quando foi atingido. Naquele dia estava de folga, mas, ao tomar conhecimento de que policiais estariam cercados no Complexo do Alemão, apresentou-se para a missão.

A aeronave fora acionada para resgatar uma equipe da 21ª DP, no bairro de Bonsucesso, que se encontrava encurralada em uma das entradas do Alemão. Foi mais um entre os muitos enterros a que compareci naquele ano. São momentos difíceis, em que um sentimento de frustração e sofrimento pesa sobre seus ombros. Rodrigo ficou particularmente abalado com a morte de Dudu. Até hoje, quando conversamos sobre o assunto, ele se emociona. Lamenta não ter conseguido retribuir a ajuda que recebera do colega naquela manhã de outubro, quando ele arriscara sua vida para salvá-lo.

A morte de policiais durante as operações aéreas, o ferimento de Rodrigo, todos esses acontecimentos eram acompanhados pela equipe americana da Bell Helicopters envolvida no desenvolvimento do projeto. Tanto no Texas como no Alabama, eles liam as notícias que chegavam do Rio de Janeiro sobre os confrontos entre policiais e traficantes. Quando Rodrigo foi baleado, telefonaram várias vezes em busca de informações sobre seu estado de saúde. Os americanos tinham um comprometimento com nossa equipe que ultrapassava os limites formais de um contrato comercial. Foi essa sinergia que tornou possível a introdução de uma série de alterações no projeto sem que o prazo de entrega fosse alterado. Criamos com essas pessoas uma relação de amizade que perdura até hoje.

Maio de 2008

Decidida a compra, consumimos o resto do tempo discutindo as especificações da aeronave. Trocávamos e-mails quase diariamente com o pessoal nos EUA. Tivemos que definir questões referentes a radiocomunicação, tipo de painel, equipamentos para voo noturno, pintura e opções de camuflagem, além de cursos de formação para nossos pilotos. Outro ponto importante do projeto era a blindagem. Na verdade, estávamos desenvolvendo um produto novo, que não existia na prateleira da Bell. Levamos cerca de cinco meses para fecharmos toda a parte técnica do novo helicóptero.

Eu e Franco fizemos mais três viagens aos EUA para discutirmos algumas questões que necessitavam da nossa presença. Fomos duas vezes a Forth Worth, no Texas, para conhecermos a Academia em que nossos pilotos ganhariam a certificação para voo com o *Huey II*. Acompanhamos também a execução de determinados detalhes na sede da Bell. Em uma dessas viagens, fomos num dia e voltamos no outro.

A questão mais importante naquele momento era a definição da blindagem. Chegamos, inclusive, a realizar um trabalho em parceria com a equipe americana e os nossos pilotos e atiradores. Lembro bem do dia em que o Franco foi à Base Aérea do Campo dos Afonsos à procura da carcaça de um "Sapão" *H1H* antigo, semelhante à do *Huey II*. Precisava fotografá-la, de diferentes ângulos, para que estudássemos os pontos mais vulneráveis.

Com base nessas fotos, começamos a desenhar a primeira versão para a blindagem do helicóptero. Essas versões, que estavam sempre sendo revistas, eram trocadas por e-mail toda semana. A equipe liderada por Kyle Shiminski, diretor responsável pelo Programa do *Huey II* na Bell, trabalhava em conjunto com a empresa LifePort, responsável pela blindagem do equipamento. Shiminski tentou incessantemente

MARCIO COLMERAUER

atender às nossas necessidades operacionais. Em uma reunião no Texas, conseguimos finalmente definir o tipo de proteção de que necessitávamos. Era um trabalho inédito, pois essa aeronave nunca fora blindada integralmente.

Na reunião, Franco e o piloto Willy Wilson, herói na Guerra do Vietnã e diretor da US Helicopters, rascunharam em um pedaço de papel os últimos ajustes em relação ao que precisávamos. Todo esse esforço foi muito além do que fora estabelecido no contrato. Eles realmente queriam chegar a um modelo ideal, que de fato trouxesse proteção e segurança aos nossos pilotos e atiradores.

Cinco dias após o nosso retorno, recebíamos o projeto da blindagem. Eram 140 páginas com todo o detalhamento do trabalho, das placas aos parafusos. No final, perguntavam se o projeto atendia ao que tínhamos imaginado. Aprovamos o projeto e alguns dias depois recebemos a maquete do helicóptero. Foi um momento emocionante. Acredito que ali, naquele momento, no setor de aviação, na Lagoa Rodrigo de Freitas, Franco, Adonis e eu percebemos que nosso esforço não fora em vão. Havia mais de dez anos que solicitavam aquele tipo de aeronave, sem qualquer retorno.

Dias depois, após estudarmos melhor a maquete, definimos que seria usada pintura preta com camuflagem cinza na parte inferior da aeronave. Escolhemos

O PÁSSARO DE FERRO

também a cor e o modelo dos capacetes, coletes à prova de balas e uniformes de ponta para as equipes. A Anac já havia, inclusive, gerado o número de identificação do helicóptero. Estava tudo bem definido. Os pilotos fariam o curso com duração de cerca de trinta dias, antes da data da entrega, para que pudessem retornar ao Brasil no comando da aeronave.

Quando faltavam quatro meses para o recebimento do helicóptero, surgiram algumas dificuldades de ordem diplomática. Como a aeronave passaria a ser de propriedade da Polícia Civil do Estado do Rio de Janeiro, era necessário que fossem cumpridas determinadas exigências. Toda aeronave militar de fabricação americana que fosse revendida para outro país precisava de autorização expressa do governo dos Estados Unidos. A dificuldade maior, entretanto, estava relacionada à entrega do equipamento. O helicóptero viria para o Brasil voando como uma aeronave brasileira. Mas, para que um helicóptero militar estrangeiro, como o nosso, pudesse voar do Alabama à Flórida, antes de sair dos EUA, fazia-se necessário uma autorização especial do Departamento de Estado.

Para conseguirmos esse documento, envolvemos o subsecretário de Relações Internacionais da Casa Civil, embaixador Ernesto Rubarth, que fora nosso interlocutor com a Embaixada do Brasil em Washington. Com o apoio do embaixador do Brasil nos EUA,

Antônio de Aguiar Patriota, foram emitidas duas autorizações pelo Departamento de Estado: uma para o voo em espaço aéreo americano, com dia definido e o trajeto que seria realizado; e a outra relacionando as pessoas autorizadas a embarcar na aeronave — Franco, Adonis, Sérgio Freitas, vulgo Lobisomem, piloto experiente em grandes travessias, contratado pela TAM, e eu. Não haveria mais nenhum tipo de turbulência até a partida do helicóptero.

12

A entrega

Em 27 de julho de 2008, por questões pessoais, decidi deixar a Secretaria de Segurança. Foi um dia muito difícil, pois uma parte de mim queria ficar. Atuar ali foi uma experiência muito intensa e você passa a se sentir/comprometido com a causa e com a equipe. Foi realmente uma questão bastante difícil que enfrentei. No dia em que tomei essa decisão, marquei um almoço com dois amigos para tentar enxergar as coisas com mais clareza.

Depois do almoço, contatei o Palácio Guanabara e fui recebido pelo governador naquela mesma tarde. Expus a ele minhas razões para deixar a Secretaria, ao tempo em que agradeci as oportunidades e o apoio recebidos. Senti-me lisonjeado por ouvir dele que gostaria que eu permanecesse, mas acabou aceitando o meu pedido de afastamento.

Imediatamente depois disso, fui conversar com o secretário de Segurança e apresentar meu pedido de exoneração. Ele também ponderou sobre a minha permanência, mas a decisão já estava tomada. Combinamos então que eu ficaria na Secretaria por mais uma semana, diante da última viagem ao Alabama, dois dias depois, para fechamento dos últimos detalhes antes da entrega do helicóptero e também pela necessidade de concluir e preparar todas as questões e assuntos de minha responsabilidade para meu futuro substituto dar sequência aos trabalhos sem maiores problemas.

Lembro bem do momento em que eu já ia me afastando e Roberto Sá, outro subsecretário, correu para me chamar em seu gabinete. Ele insistiu muito para que eu reconsiderasse a minha decisão, para que retornasse com ele ao gabinete do secretário a fim de reverter a minha saída. Senti um misto de orgulho e de tristeza: orgulho pelo respeito conquistado e tristeza por não poder atender àquele pedido.

Assim, no dia 28 de julho, embarquei uma vez mais com o Franco para os EUA. Foi uma viagem rápida. Chegando a Dothan, fomos direto para a US Helicopters, pois estávamos ansiosos para ver a aeronave. Chegando à empresa, vimos o helicóptero no pátio, já com a pintura pronta. Uma visão incrível! Examinamos a aeronave detalhadamente e sem pressa, atendendo as exigências contratuais vinculadas ao aceite da aeronave. A equipe americana estava orgulhosa com o resultado obtido e aquele foi certamente um grande momento. Verificamos os últimos detalhes. Alguns meses antes, tínhamos nos deparado com um superaquecimento do motor, que, por força da espessura da blindagem, não permitia a troca de calor adequada. A solução foi revestir a parte do motor com aço, e o problema foi sanado. Conferimos pela última vez todos os itens, as duas autorizações e detalhamos o período do curso.

Para mim, aquela foi uma viagem um pouco estranha, com sabor de despedida daqueles caras incríveis que, mesmo distantes, sem conhecer *in loco* nossa realidade, comprometeram-se verdadeiramente com o projeto e com as pessoas. Caras como Jack Swinehart, responsável pelo programa na US Helicopters; Kyle Shiminski, responsável pelo programa na Bell Helicopters, incansável na busca de atender ao máximo as nossas expectativas; Willy Wilson, diretor da US Helicopters, que, com sua experiência, ajudou a encontrar soluções técnicas para todas as nossas demandas; Marlo Cruz, que nos apoiou em todas as questões administrativas; Severo, que abriu as portas para que o projeto se realizasse; Eric Wasson, que esteve ao nosso lado desde o início e sem o qual talvez não tivéssemos atingido a nossa meta; Lismar da Silva, representante da TAM no projeto, competente, sério e incansável; Alana Keeton, que tornou o treinamento dos nossos pilotos uma realidade, e tantos outros: Jay Ortiz, Joe Ginty, Steve McRay, James Tripp, Andrew Kelley, John Fuller e David Sale.

Retornamos ao Brasil certos de que a entrega do helicóptero seria um sucesso.

No início de agosto, eu já havia deixado a Secretaria e decidi sumir por uma semana para descansar um pouco. Não foi nada fácil, pois a adrenalina imposta pela área de Segurança vicia. No início, fora de lá, sentia como se estivesse faltando alguma coisa e o tempo passava mais devagar. Mas, aos poucos, você tem de se acostumar e passar a aproveitar o lado bom de estar vivendo em uma velocidade normal.

Nesse período, fui procurado pelo secretário de Planejamento e Gestão, Sérgio Ruy Barbosa, com quem já tinha tido uma relação muito próxima por termos convivido bastante desde a transição do governo em 2006. Ele foi um dos responsáveis pela estruturação do novo governo, sendo, desde o início, uma grande referência para mim no Estado. Encontramo-nos em um almoço e ele me convidou para ser seu chefe de gabinete. Aceitei o convite e assumi a função no dia 1º de setembro de 2008.

No dia 8 de setembro, recebi uma ligação do Mariano me convidando para acompanhá-lo na entrega do helicóptero no Alabama. Disse-me também que já havia falado com Sérgio Ruy, que teria ficado satisfeito com o convite.

Assim, Mariano e eu embarcamos para Dothan. Adonis e Franco já estavam havia cerca de trinta dias nos EUA, participando do curso de certificação do *Huey II*.

Chegando a Dothan, fomos à US Helicopters para que Mariano pudesse ver o helicóptero e conhecer as instalações da empresa. À noite, tivemos um jantar com o pessoal da Bell e da US Helicopters, meu segundo jantar no hotel The Rawls, onde foi possível rememorar os quase dois anos de trabalho conjunto.

O jantar terminou tarde, o restaurante já estava vazio, fui o último a deixar o hotel aquela noite. Lembro que abri a porta antiga que leva à rua e, antes de sair definitivamente, parei e olhei para trás. O corredor estava escuro, havia apenas uma meia-luz projetada por uma arandela antiga presa à parede. Olhei fixamente para o fundo do corredor e imaginei aquela menina loura, de quatro anos, acenando lentamente com sua mão direita e, curiosamente, desta vez, revelando um sorriso de despedida. Fui embora pensando: um dia volto e me hospedo neste hotel, nem que seja por uma única noite.

No dia seguinte, pela manhã, Mariano e eu fomos à cerimônia de entrega da aeronave com a presença de autoridades locais, do presidente da Bell, de políticos e do prefeito de Dothan. Adonis e Franco já estavam lá nesse dia. Foi formalizada a entrega e, logo a seguir, participamos do primeiro voo no *Huey II* como helicóptero da Polícia Civil do Rio de Janeiro. Foi um voo fantástico! Voamos baixo, em alta velocidade, por uma área florestal, com uma vista incrível. Não são raras as vezes em que eu e Mariano, quando nos encontramos, relembramos aquela viagem e aquele voo maravilhoso.

À noite, tivemos um jantar no Golf Club da cidade, com a presença de praticamente todas as pessoas que compareceram à entrega pela manhã. Era um local muito bonito, com jardins por toda a volta, vários salões, todos com mobiliário antigo. Ficamos inicialmente em uma sala mobiliada com sofás e um bar com uma grande bancada onde era servido um coquetel. Em determinado momento, fomos conduzidos a um salão de jantar bastante sóbrio, com piso e paredes de madeira escura, grandes janelas com vista para o jardim e várias mesas redondas, com toalhas brancas.

Antes de o jantar ser servido, o presidente da Bell pediu a palavra e discorreu sobre os quase dois anos de projeto, as fortes relações construídas entre as equipes da empresa e a equipe da Segurança, o orgulho que eles sentiam quanto ao produto final e a

O PÁSSARO DE FERRO

certeza da grande utilidade que a aeronave teria no Rio de Janeiro. Agradeceu muito o comparecimento do secretário de Segurança, afirmando que se sentiam honrados com a presença dele, principalmente por conhecerem muito bem os desafios diários por ele enfrentados e por saberem ser uma grande deferência a sua presença no recebimento do helicóptero.

Logo a seguir, de forma inesperada, Eric Wasson pediu que eu me levantasse e me aproximasse. Mandou que trouxessem algo coberto por um pano branco. Era um quadro com uma fotomontagem em preto e branco, extremamente bem-feita do nosso *Huey II* sobrevoando o Rio de Janeiro, com o Pão de Açúcar ao fundo. Na parte de baixo do quadro, havia duas efígies de bronze cunhadas para o evento com o helicóptero e o símbolo da Polícia Civil, uma de cada lado, com as inscrições "Rio de Janeiro Civil Police Huey II Delivery September 2008". O quadro era um presente de toda a equipe que atuou no projeto, em reconhecimento à minha dedicação e liderança durante os quase dois anos de trabalho. No verso do quadro, estão escritas, de próprio punho, dedicatórias dos principais integrantes da equipe do projeto. O quadro, hoje, encontra-se na parede do meu escritório de casa. Foi um dos momentos mais emocionantes que vivi profissionalmente. Antes de agradecer, olhei com muita calma para todos os rostos à minha frente e percebi que Mariano sorria; acredito que estava feliz por ter me levado com ele. Ali estavam também Adonis e Franco, e, naquele momento, os últimos dois anos passaram rapidamente pela minha cabeça: um período difícil, mas de grande aprendizado, em que vivi diariamente em contato com o que há de pior nesse mundo, mas ao mesmo tempo pude também conviver com pessoas extraordinárias, verdadeiros heróis, cada um a seu modo, assumindo riscos, esbanjando coragem e enfrentando sacrifícios pessoais em prol da segurança do nosso Estado. Falei pouco, agradeci a todos pela homenagem, pela experiência incrível de ter trabalhado com um grupo tão grande de pessoas, de diferentes formações e culturas, extremamente unidas em torno de um mesmo objetivo, e agradeci ao Mariano por ter me dado a oportunidade de estar presente no encerramento daquele projeto.

No dia seguinte, retornamos ao Brasil de avião. Adonis, Franco e Lobisomem também retornaram, porém levaram quase uma semana para desembarcar no Rio, pois vieram a bordo do helicóptero, voando em um trajeto que atravessava o Alabama, saindo dos Estados Unidos por Miami e contornando furacões e tempestades pelo Caribe, em uma cansativa viagem.

Poucos dias depois da chegada ao Rio, "nosso" helicóptero entrou em operação e, em uma das primeiras incursões, foi alvejado na altura da porta do piloto.

O PÁSSARO DE FERRO

O *Huey* ignorou os disparos e, naquele momento, a aeronave se pagou — o piloto foi salvo.

O helicóptero mostrou-se muito mais eficiente do que pensávamos. Com ele em operação, recobramos uma supremacia que estava sendo posta em xeque havia muito tempo. Além disso, ele foi decisivo em salvamentos importantes, como na tragédia da Região Serrana em 2011. Nesse episódio, Adonis conseguiu chegar com o *Huey* a locais onde nenhuma outra aeronave foi capaz, ignorando a falta de visibilidade e o alto risco. Salvou muitas vidas naquele dia, pessoas que se encontravam isoladas e soterradas. Por essa ação, vereadores tomaram a iniciativa de indicar seu nome para receber a Medalha Pedro Ernesto. Adonis agradeceu, mas declinou. Disse, à época, que não via sentido para qualquer tipo de evento ou comemoração diante de tantas mortes.

Outro bom exemplo da supremacia imposta pelo novo equipamento ocorreu em 2012, quando dois técnicos de necropsia da Polícia Civil e monitores de armamento e tiro da Academia de Polícia ficaram encurralados em uma favela do Rio.

Mauro e seu colega Ferreira estavam a caminho de Mesquita, por volta das 3h da tarde, para um treinamento de tiro na Academia Carioca. Dirigiam-se pela avenida Brasil quando surgiu a ideia de seguirem por um atalho. Essa mudança de trajeto foi, provavelmente, a pior decisão de suas vidas.

A certa altura, viram-se perdidos em uma rua asfaltada e arborizada em Costa Barros. Estavam, sem saber, entrando na comunidade conhecida como Chapadão. Após avançar um pouco, lentamente, tentando encontrar uma saída, decidiram retornar pela contramão, mas tomaram essa decisão tarde demais.

Na frente do carro, apareceu um homem armado que, apontando sua pistola, mandou que o carro parasse. Muito nervoso, o bandido ordenou que levantassem as camisas. Mauro tentou administrar a situação, dizendo não querer problemas, que estavam perdidos e queriam ir para Mesquita.

A tensão aumentava a cada instante, os policiais tinham suas armas e carregadores enfiados na cintura, na parte das costas. O rapaz armado insistia, cada vez mais alterado, para que levantassem toda a camisa. Nesse momento, segurou a maçaneta da porta e tentou abri-la. Ferreira não pensou duas vezes: saltou rapidamente pela porta do carona e desferiu um disparo que não acertou o bandido. Este correu efetuando disparos para trás, acertando Mauro na altura da axila, próximo ao braço esquerdo.

Os dois policiais discutiam se deveriam permanecer no carro ou fugir a pé. A discussão foi encerrada quando viram três bandidos de fuzil vindo do fim da rua. Ambos dispararam em direção aos marginais. A

O PÁSSARO DE FERRO

arma de Mauro deu pane, mas ele conseguiu corrigir o problema ainda dentro do veículo, enquanto Ferreira dava cobertura do lado de fora do carro, atirando repetidas vezes contra os bandidos.

Os dois correram por uma rua transversal, a rua Projetada A, e buscaram abrigo em um bar. Durante todo o tempo, tentaram usar seus celulares, mas estavam sem sinal, impossibilitados de pedir ajuda à Coordenadoria de Comunicações e Operações Policiais (Cecopol).

Dentro do bar, as pessoas pediam que eles saíssem, pois estavam colocando todos em risco. Os policiais identificaram-se e recusaram-se a sair. Uma pessoa no bar alertou sobre a aproximação de três bandidos armados de fuzis 762. Ferreira disse que tentaria fugir, enquanto Mauro preferiu permanecer no bar.

Ferreira correu enlouquecido, em zigue-zague, ten tando se desvencilhar dos disparos. Abrigou-se atrás de um carro, enquanto o colega atirava, procurando dar cobertura ao amigo. Dois bandidos ficaram atrás de uma árvore. O terceiro avançava em direção a Ferreira quando foi atingido por um disparo efetuado por Mauro, sendo resgatado pelos comparsas. Nesse momento, surgiu uma oportunidade para que os policiais tentassem fugir. Ferreira correu mais uma vez, sob grande intensidade de disparos. Mauro foi para outro lado, arrombou um portão e entrou em uma casa.

Nesse momento, estava certo de que o colega havia sido morto. Dentro da casa, havia oito pessoas. Ferido e sangrando identificou-se como policial e pediu para usar o telefone. Ligou para o 190, pois não tinha o número da Cecopol, somente contato via rádio. Identificou-se, forneceu sua matrícula, disse que estava ferido e pediu ajuda. Do lado de fora, bandidos já haviam percebido que ele se escondera dentro da residência. Gritavam para que os moradores saíssem porque iriam "encher a casa de tiro".

Olhando por uma fresta, Mauro viu cerca de trinta bandidos armados. Orientou os moradores a saírem e buscou abrigo dentro de um quarto nos fundos da casa. Minutos depois, olhou pela fresta da porta e deparou-se com um bandido de fuzil já no corredor, dentro da casa, que o alvejou com um disparo de fuzil 762 no braço direito. Seu braço ficou pendurado, seu ombro destruído e, mesmo com uma dor lancinante, fez vários disparos contra o bandido, que recuou e saiu da casa.

Do lado de fora, os traficantes não paravam de gritar. Inicialmente, diziam para ele entregar a arma e que "o patrão determinou que ele ficasse vivo, que não queria problemas com a polícia". Diante da ausência de resposta, mudaram o discurso. Diziam que ele seria picotado e disparavam sem parar em direção à casa, mais precisamente na direção do quarto em que Mauro se escondera. Ele já havia perdido muito sangue, sentia a boca seca, sensação de desmaio e já dava como certa a sua morte. Entretanto, ainda teve forças para se arrastar pelo corredor e se abrigar na cozinha. A parede do banheiro, próxima ao quarto, foi derrubada por uma chuva de tiros. Só permaneceram os canos do chuveiro. Ele já estava ali havia cerca de uma hora e da casa só restara a geladeira. Quatro granadas foram jogadas dentro da casa, três explodiram.

Mauro, finalmente, conseguiu sinal no rádio e fez contato com a Cecopol, pedindo prioridade e informando que estava na rua Projetada A, número 11, cercado de muitos traficantes. Logo depois, um dos bandidos entrou pela janela do quarto e, quando surgiu no corredor, foi atingido por dois disparos feitos por Mauro.

Vinte minutos depois, ele não resistiu e começou a chorar ao escutar o barulho inconfundível do *Huey II* se aproximando.

O helicóptero foi recebido a tiros de fuzil e revidou prontamente em um voo rasante. A chegada da aeronave permitiu a aproximação dos policiais da 39ª DP, da Core e da Delegacia Especializada de Roubo e Furto de Carga. Mauro escutou os bandidos gritando: "O 'Águia', porra, o 'Águia'!! Vambora! Fodeu, corre, corre!"

Mauro conseguiu pegar um pano branco e se arriscou a sair, acenando com o pano com receio de ser confundido com traficantes. O helicóptero pairou no ar o mais baixo possível, e um dos atiradores apontou para o outro lado. Ao sair, olhando para o local sinalizado, viu os policiais da Core se aproximando. Um deles, apontando o fuzil em sua direção, gritava: "Sua matrícula! Qual a sua matrícula?" Mauro respondeu e viu, comovido, Ferreira ao fundo sendo retirado por policiais. Tinham conseguido, estavam vivos. Ele foi retirado por um blindado da Polícia Militar, que havia chegado ao local, e levado para o Hospital Carlos Chagas, onde foi operado de emergência. Posteriormente, foi transferido para o Miguel Couto, onde iniciou um longo caminho de cirurgias na busca de sua recuperação.

Para os policiais, o som da aproximação do helicóptero é sempre um momento de alívio e de esperança. Não há dúvida de que centenas de policiais devem suas vidas ao apoio aéreo nas operações em nosso Estado.

13
Sem fim...

19 de dezembro de 2008

O Morro Dona Marta, localizado entre Botafogo e Laranjeiras, é considerado uma favela pequena. No segundo semestre de 2008, a Polícia Civil realizou uma operação no Dona Marta desestabilizando o tráfico local, que depois disso ficou sem liderança forte dentro da comunidade.

Na parte de cima da favela, existia uma creche cujas portas se encontravam há muito tempo fechadas. A primeira-dama do Estado do Rio de Janeiro, Adriana Ancelmo, na qualidade de presidente de honra do Rio Solidário, tentou reabri-la, o que não foi possível pela proibição do tráfico. Sua indignação gerou um demanda para a Segurança entrar naquele morro e

MARCIO COLMERAUER

acabar com a afronta. Aproveitando, na ocasião, a falta de liderança do tráfico local, a Polícia Militar entrou sem grandes confrontos e ocupou o Dona Marta em novembro. No prédio da creche, foi criada a sede da primeira Unidade de Polícia Pacificadora (UPP), do Rio de Janeiro, e duas creches foram abertas na parte de baixo do morro. A consolidação dos projetos das UPPs não ocorreu em reuniões formais, com pautas definidas. Tradicionalmente, almoçávamos com o secretário e seus subsecretários, diariamente, em uma sala de reuniões ao lado da sala do Mariano. Nesses almoços, conversávamos sobre todos os assuntos que estavam em pauta; surgiam desafios pessoais, em que alguém levantava a possibilidade de determinada medida, como, por exemplo, entrar e permanecer em caráter definitivo em determinada comunidade; outro colega levantava as dificuldades em termos de necessidade de efetivo e se prontificava a levantar os dados por curiosidade, para testar a ideia proposta. Em alguns dias, esses almoços duravam algumas horas, e muitas iniciativas de sucesso surgiram dessas conversas, sendo construídas aos poucos, de forma incremental, entre elas as UPPs.

O crime na comunidade caiu a quase zero, os índices de criminalidade na área de Botafogo foram reduzidos drasticamente. Para comandar a UPP, por indicação do coronel Marcos Jardim, Mariano escolheu a major

O PÁSSARO DE FERRO

Priscila, com um histórico de vida muito particular, criada dentro de uma comunidade e conhecendo bem como é a vida nessas regiões. Com uma importante passagem no 16º Batalhão, ela era a pessoa certa para a missão. A primeira UPP deu um sopro de esperança à população do Rio de Janeiro. As pessoas viram que era possível.

Com a implantação oficial em dezembro de 2008, a Segurança Pública iniciou uma nova era, em que a retomada dos territórios e a libertação da população das comunidades passaram a ser o norte da política pública de segurança, abrindo uma janela de oportunidade fundamental para a inclusão das comunidades ao resto da cidade.

Novembro de 2010

No dia 25 de novembro de 2010, o cronograma de ocupação de favelas no Rio de Janeiro, visando a implantação de UPPs, precisou ser alterado. Uma série de atentados promovidos pelo tráfico de drogas, com carros e ônibus sendo queimados por toda a cidade, levou à antecipação da ocupação e implantação das UPPs na Vila Cruzeiro e no Alemão. A inteligência identificou que as ordens para os atos de terror promovidos naquele período partiam desse complexo de favelas.

Naquele dia 25, a Polícia Militar, capitaneada pelo Bope e apoiada pelas Forças Armadas, com seus blindados e homens iniciaram uma operação definitiva na Vila Cruzeiro.

A favela foi ocupada e o Brasil inteiro acompanhou pela televisão uma verdadeira serpente gigante, formada por traficantes fugindo em direção ao Complexo do Alemão, que viria a ser o próximo alvo das forças de Segurança.

Aquela imagem traz até hoje um sentimento de grande frustração por parte das equipes do setor aéreo da Polícia Civil. O *Huey* não tinha condições de voo naquele dia por um problema técnico, o que impediu a utilização da aviação naquela operação.

No sábado, dia 27 de novembro, dividi meu dia entre a base do Serviço Aeropolicial, na Lagoa Rodrigo de Freitas, e a Base da Core no Centro do Rio. Embora afastado da segurança pública, meus vínculos permaneciam fortes com as polícias e suas equipes.

Minha primeira visita foi ao Saer, na Lagoa, onde me encontrei com Adonis. Conversamos bastante sobre o cenário para a operação do dia seguinte. A impressão era de que não haveria grande resistência, mas no fundo todos traziam em mente as dramáticas operações de 2007 no Complexo. Acho que essa lembrança era a principal responsável pelo clima pesado e de desconforto sentido naquele dia. No final da manhã, Adonis recebeu uma orientação do secretário para voar sobre o Complexo e observar o nível de atividade na região, buscando também não permitir que os traficantes ficassem à vontade no terreno. Quando retornou da missão, Adonis estava convencido de que não haveria grande resistência no dia seguinte. Desejei boa sorte a todos e fui me encontrar com o Rodrigo na Core.

Chegando à Core, saímos para almoçar na Lapa; em um boteco, compartilhamos a mesa eu, Rodrigo, que na época ocupava o cargo de subchefe operacional da Polícia Civil, o delegado Marcos Castro, coordenador da Core, e mais quatro policiais da unidade. Durante o almoço, falamos sobre o contexto daquele momento e nos divertimos bastante relembrando algumas histórias "folclóricas" que são contadas nesse meio. Foi um ótimo almoço.

A operação começaria às 8h da manhã de domingo. A equipe da Core se reuniria às 6h, em São Cristóvão, antes de seguir em comboio para o Complexo do Alemão, mais precisamente para a entrada da rua Joaquim de Queiroz. Eles seriam os responsáveis pela tomada do Areal, centro nervoso do Complexo. A todo momento, surgiam policiais com informes sobre a situação no Alemão. Um deles dizia que os traficantes teriam enterrado explosivos por toda a rua Joaquim de Queiroz, visando surpreender a polícia.

Ao final do dia, desejei boa sorte para todos e fui para casa. Ao me despedir do Rodrigo, deixamos combinado que sua esposa e filho iriam no domingo bem cedo, no princípio da manhã, para a minha casa, onde eu receberia informações sobre qualquer baixa nas forças de Segurança diretamente do Alan, então chefe de Polícia Civil.

Dia 28 de novembro, um domingo. Dois mil e seiscentos homens estavam prontos para tomar o Complexo do Alemão, sob a coordenação da Secretaria de Segurança. A Polícia Militar, comandada pelo coronel Mário Sérgio — possivelmente o maior líder no teatro de operações naquele dia —, a Polícia Civil, chefiada pelo delegado Alan Turnowski, a Marinha do Brasil, com seus tanques e fuzileiros, o Exército, a Aeronáutica e a Polícia Federal estavam prontos para fazer história. Rodrigo era então o subchefe operacional da Polícia Civil. Liderar a entrada no Complexo, com a equipe que teria como missão tomar o Areal, foi uma decisão pessoal dele, uma vez que não cabia ao segundo homem em comando da Polícia Civil atuar na ponta daquela operação.

Ele se encaminhava em direção à rua Joaquim de Queiroz e ia passando por uma quantidade impressionante de policiais e militares, por veículos das polícias, blindados das Forças Armadas, quando escutou um chamado em seu rádio. Era Alan: "Rodrigo, espera

O PÁSSARO DE FERRO

um pouco mais para entrar, a PM está atrasada." E ele respondeu de imediato: "Alan, combinei com o Adonis de sobrevoar às 8h em ponto, esse seria o sinal para entrarmos em direção ao Areal. Cara, vou entrar às 8h, está tudo marcado." Alan disse simplesmente: "Ok." Quando se aproximou da esquina da rua Joaquim de Queiroz, havia um cerco que afastava uma grande quantidade de jornalistas. Ultrapassou o cerco e encontrou-se com a equipe da Core que o aguardava. Seguiu por um corredor estreito, passando por dentro de um bar de esquina. Subiu um pouco mais e chegou a um barraco vazio com uma porta lateral que dava para a rua. Ali ficaram aguardando uma equipe de catorze homens. Ele foi se aproximando e já orientando o grupo: "Senhores, o 'Águia' vai sobrevoar às 8h, vai saturar de tiro, dar uma volta e passar novamente saturando de tiro. Esse é o sinal para entrarmos. Divirtam-se!" Alguns minutos depois, um policial baixinho, de cabeça raspada, aproxima-se respeitosamente e perguntou se o Rodrigo lhe daria a honra de deixá-lo entrar na frente, na ponta. Rodrigo virou-se e disse: "É contigo mesmo."

Eram 8h da manhã e o barulho do helicóptero podia ser escutado ao longe. Aproximou-se em um voo rasante efetuando disparos, e nessa hora os policiais ouviram disparos feitos contra o helicóptero. O som do motor ficou mais forte novamente, e ele fez outro voo rasante disparando sem parar. Era a hora. Rodrigo olhou para o policial que se ofereceu para ir na ponta e disse: "Vamos embora. Vamos, porra, vamos!" E foram. Passaram três policiais, Rodrigo foi o quarto, os outros do grupo de catorze vieram a seguir, subindo a Joaquim de Queiroz pelos dois cantos da rua e disparando com seus fuzis. Foi a única troca de tiros na entrada do Complexo naquele dia. Entre todos os que estavam ali, o primeiro equipamento público a entrar, a enfrentar o Complexo do Alemão, foi o *Huey II*. O helicóptero blindado foi a ponta da lança naquele dia em que o Complexo do Alemão foi retomado.

Foram muitos os avanços que vivenciamos de 2007 para cá: o Rio de Janeiro passou a ter um caminho claro, o da pacificação, a sensação de segurança nas ruas aumentou drasticamente, os indicadores de criminalidade caíram, vivemos em uma cidade muito mais segura. Mas não me iludo: em janeiro de 2013, por volta das 9h da noite, quando eu estava chegando de carro, na entrada do meu condomínio, me chamou a atenção um carro batido em um poste e as viaturas do Corpo de Bombeiros e da polícia paradas no local.

Segui para casa. Entrando no meu prédio, tomei conhecimento de que minha vizinha havia sido baleada por assaltantes em um sinal de trânsito nas proximidades. Ela ainda conseguiu dirigir, instintivamente, no caminho de casa, mas faleceu na entrada do nosso condomínio. É sempre dramático assistirmos à morte tão perto de nós, perto da família. Tive muita dificuldade para dormir naquela noite.

O que foi conquistado até agora não é garantia de nada, é preciso perseverar e avançar. A manutenção dos resultados alcançados demanda um esforço extraordinário. O fortalecimento institucional das Polícias Civil e Militar é o caminho inevitável para a sustentabilidade das políticas de segurança, e para isso é preciso avançar no aperfeiçoamento das estruturas de carreira e na área de formação.

A conquista de novas vitórias é sempre um desafio imprevisível. Afinal, como diz um grande amigo meu, esse trabalho não deveria ser conhecido como de "segurança pública"; deveria ser chamado de "sem fim". É um trabalho sem fim...

Este livro foi composto na tipologia Times
Europa LT Std, em corpo 12/18, e impresso
em papel off-white no Sistema Cameron da
Divisão Gráfica da Distribuidora Record.